世界一わかりやすい願望実現

願望実現研究家
Jeg

KADOKAWA

はじめに

疑り深い現実主義者である私が「世にあふれる願望実現法を科学的に論破してスピリチュアル分野に一石を投じてやろう」——そう思い立ったのは2018年のことでした。

「神様からこんなメッセージが降りてきました」
「メンタルブロックを解除したら臨時収入がありました」
「潜在意識を浄化したら奇跡が起きました」

こういった情報が不気味に思えて仕方がなかったのです。また「聞こえのいいスピリチュアルネタに振り回されて迷走している人たちを救ってあげたい」という、今思えば極めて稚拙で恥ずかしい使命感も私を突き動かす原動力となっていました。

私は一つ心に引っ掛かることがあると、答えを見つけるまで気が済まない厄介な性分なのです。

最初に行ったのは、引き寄せの法則の研究でした。あらゆる本を読み漁り、また暇さえあれば動画サイトでスピリチュアル関連の動画を見るような生活を繰り返し、仕事以外の時間はほとんど願望実現の研究に費やしていたことを憶えています。

やがて私は知識をインプットするだけでは物足りなく感じるようになっていきました。そこで、実生活やインターネットを通じて、願いが叶う人と叶わない人の言動や生活スタイルなどを分析してみたところ、これが大変面白く、1年足らずで100パターン以上を分析しデータ化することに成功しました。

ですがまだ何かが足りません。どれだけデータを集めたところで、この検証はどこまでいっても予測の域を出ず、単なる娯楽の範疇なのではないか、何の意味も成さないのではないか。そんな疑問が湧き上がってきたのです。

そしてその気持ちが飽和点に達した時、私はいよいよ自分の体に手を出しました。つまりセルフ人体実験をもって願望実現法の真偽を確かめようというスタンスに変わっていったわけです。

気付けば私の生活は、願望実現法の研究と自身の体を使った人体実験を軸に構成される、傍から見れば異常としか思えないものへと変貌を遂げていました。

朝起きたら空に向かって「神様の奇跡が起きています」と唱え、職場で嫌なことがあれば「この現象を願望実現と紐づけるにはどうすればよいか」と一日中考え続け、「夢ノート」「アファメーション」「天国言葉」「ありがとう1000回」など、ありとあらゆる願望実現メソッドを片っ端から実践し、そして検証しました。挙句の果てには「お風呂に右足から入った場合と左足から入った場合、どちらの方が〝気〟がスムーズに循環し願望実現に近付けるか」といったようなことまで考え始める始末。

この異常思考は願望実現法に留まらず、「アゲハ蝶を見た」「カラスが家の屋根の上で鳴いた」「湯気でやけどした」など日常のあらゆる出来事が発生するたびに「湯気やけど　スピリチュアル」などと検索してその真偽を検証するようになりました。耳鳴りがするたびに「耳鳴りの時間別メッセージ」と調べたりもしました。

のめりこみ過ぎて思考回路がおかしくなっていた時期には、研究をするための時間を確保しようと2～4時間睡眠で1ヵ月を過ごし、夕飯を食べた直後に食べたことを忘れてしまうような状態にまで陥りました。

しかもこれらはすべて「スピリチュアル大好き人間」としてではなく、スピリチュアルへのアンチテーゼを提唱するための手段として「超現実主義者」の立場から行われたものだったのです。

では、なぜそんな超現実主義者で天邪鬼《あまのじゃく》を極めたような私が、今「願望実現」に特化した情報発信を行い、このような書籍を出版するに至ったか。

それは端的に言えば「もはや疑う余地がなくなってしまったから」です。

神様の啓示を受けたからでも、宇宙意志とシンクロしたからでもありません。もっと現実的な話で、数えきれないほどの研究や人体実験の中で積み上げてきたデータが、背理法的に既存のスピリチュアルな情報への疑いを消してしまったということです。

つまり、勝手にスピリチュアルを論破しようとして積み上げてきた経験が、結果的に世にあふれるスピリチュアルメソッドの確実性を自分の中で証明する形になってしまったのです。もっと言えば、現代科学では解き明かせなくとも数多の実例から確実に存在しているとしか言いようのない法則の存在を信じざるを得ない状況に陥ってしまったわけです。

そして何より、私自身が何をやっても願いが叶うような願望実現体質になってしまったのです（これについては第3章で証拠画像を載せてあります）。

自分で自分を勝手に論破してしまうというこの奇妙な経験は、恐るべきことに私の人生を180度変えてしまいました。「〇〇さんがこう言ってた」という情報であればいくらでも反例を挙げ「信じない」という選択ができるかと思います。ですが、自分自身で検証し、確信を得てしまったものに関してはそう簡単にはいきません。

かくして私はすべてのスピリチュアルメソッドに対してアンチテーゼを唱えるどころか、すべての逃げ道を自分自身で一つ一つ丁寧に封鎖し、気付けばスピリチュアル信者として生きざるを得ない袋小路へと自分を追い込んでしまっていたのです。

この本では、知識と実践法を可能な限りわかりやすく、そしてシンプルにお伝えしています。冒頭からお伝えしたように、疑り深い現実主義者である私が、「何が真実か」を突き止めようと暴走し、その旅路で蓄積したデータ、数えきれないほどの実験、そして自分自身の体験を通じて、願望実現の法則には確かに「再現性」があることを知りました。

ですから、ただこの本に書かれていることを素直に読んで、実践してみてください。それだけです。

さあ、次はこの本を手に取った「あなた」の番です。これを読み終える頃には、スピリチュアルな法則が単なる偶然などではなく、あなた自身の手で実感できる「現実」に変わっていることでしょう。

どうぞ、楽しみながら願いを叶えていってください。あなたの人生にも奇跡が訪れることを、心から願っています。

Jeg

目次

はじめに　2

第1章　願望実現に向けて「考え方の土台」をかためる

「カツ丼」をカツ丼たらしめる本質は何か？　14
同じ願望実現法を実践しても、人によって効果が違うのはなぜか？　19
スピリチュアル迷子は願望実現への近道？　23
ポジティブな生き方に紐付く「疑いの気持ち」を消し去る　34
未来は「勝手に」やってくる　40
未来は「今」の自分次第でコントロールできる【ベルトコンベア理論】　44
プラスのエネルギーを投げれば、プラスの結果が戻ってくる　50

投げたものが返ってくるまでにはタイムラグがある　54
ネガティブな言葉はできるだけ封印　57
「自分が引き寄せたい現実」＝「ポジティブ」と捉える　61
与えたものは別の形で返ってくる　63
ネガティブはポジティブで相殺できる【打ち消し合いの法則】　65
悪口を言いたくなる瞬間は大チャンス？【ギャップの法則】　70
「めんどくさい」を「ワクワク」に変換！　73
他者を見るのではなく、自分に焦点を当てる　80
他責思考をやめ、自分で検証する癖付けを　82
出し惜しみしなければ、ポジティブな現実がやってくる　86
穏やかな表情を維持することが幸せへの近道　91
第1章のまとめ　97

第2章　願望を実現させるためのコツと知識

「結婚できますように」と願うと結婚は遠のく　104
「イベント」をクリアすることで願望実現に近づく　110
願望は「ドカーン」ではなく「じわっ」と叶う　116
ポジティブな言葉を使うほど行動選択は最適化する　118
願望への執着を手放すのは難しい？　124
「願望実現するぞ！」ではなく「継続するぞ！」に置き換える　127
現状と願望のギャップで発生する好転反応　133
好転反応は筋肉痛と同じ　139
好転反応の少ない、小さな願望から少しずつ実現　142
「イベント」は予想せず、流れに身を任せること　145
願望実現には期日を設けない　147
第2章のまとめ　152

第3章　実際に願望を未来へ投げてみる

即行動に移せるのはシンプルなアクション　156
願望を書き、よく目にする場所に置いておく　159
「結果が出る＝願望が実現する」ではない　164

第4章　願望実現を加速させる上級テク

オートモードでポジティブ思考を投げ込み続ける仕組みを作る　170
「神様の奇跡が起きています」で、潜在意識を書き換える　174
一日の中で「幸せです」とできるだけたくさん唱えよ　182
顕在意識はすべて潜在意識に操作されている　189
刺激の強い出来事ほど潜在意識に強烈にインプットされる　194

大袈裟に！　今すぐ「全力感謝」を実践　197
「全力感謝」はメンタルブロックも浄化させる　201
瞑想と潜在意識の関係性　205
脳が本当に休息を取れるのは「瞑想状態」の時だけ　210
ネガティブな人格が勝手に作られてしまう理由　216
「瞑想＋アファメーション」で濁った潜在意識を浄化せよ　219
寝る前に脳内で唱える夜瞑想がおすすめ　221
最速で幸運を引き寄せる、３日間集中ワーク　224
朝に投げた「全力感謝」を夜のアファメーションで強固なものに　229

おわりに　234

第1章

願望実現に向けて「考え方の土台」をかためる

「カツ丼」をカツ丼たらしめる本質は何か？

「不易流行《ふえきりゅうこう》」という四字熟語があります。解釈は諸説ありますが、簡単に説明するなら**「永遠に変化しない本質的なものを知るためには、絶えず新しいものを取り入れていかねばならない」**という意味になろうかと思います。

例えばカツ丼を想像してください。一般的にカツ丼と言えば「トンカツと玉ねぎを卵とじにしてご飯に乗せた料理」というイメージですが、ではすべてのカツ丼がこのスタイルかと言えばそうではありません。「ソースカツ丼」や「ビーフカツ丼」などがあるように、先ほどの「トンカツと玉ねぎを卵とじにしてご飯に乗せた料理」というのはカツ丼の本質ではなく、単なる一形式だったことに気が付けるはずです。

ですが、器を重箱にした瞬間、それはカツ丼ではなく「かつ重」に変化します。
ここで初めてカツ丼の本質が一つ明らかになります。それは「丸いドンブリに入っていること」です。

では次に、お米を全部キャベツにしてみましょう。これをカツ丼と呼べるでしょうか。おそらくなんとなく違和感を覚えるはずです。キャベツをパンに変えてみてもやはり違和感は拭えません。

ここで「お米が入っていること」という本質が明らかになるわけです。

では丸いドンブリにお米を入れ、その上にポークソテーの卵とじを乗っけてみたらどうでしょう。見た目上は一般的なカツ丼と大差はなかったとしても、やはりこれをカツ丼と呼ぶことには少し抵抗があるのではないでしょうか。

話していけばきりがありませんが、ここでお気付きいただきたいのは、新たな要素を取り入れ検証していけばいくほど、

・丸いドンブリに入っていること
・お米が入っていること
・衣を付けて揚げた肉が乗っていること

といった**「必要不可欠な要素」が明らかになっていくということ**です。

カツ丼の固定観念に縛られたままではカツ丼の本質まで辿り着けなかったとしても、新しい要素を取り入れ開発していくことで、カツ丼をカツ丼たらしめる要素、つまり本質が徐々に明らかになっていくのです。

これが私の中の「不易流行」のイメージです。**「新しいもの＝流行」を取り入れることで徐々に「永遠に変化しない本質的なもの＝不易」が浮き彫りに**

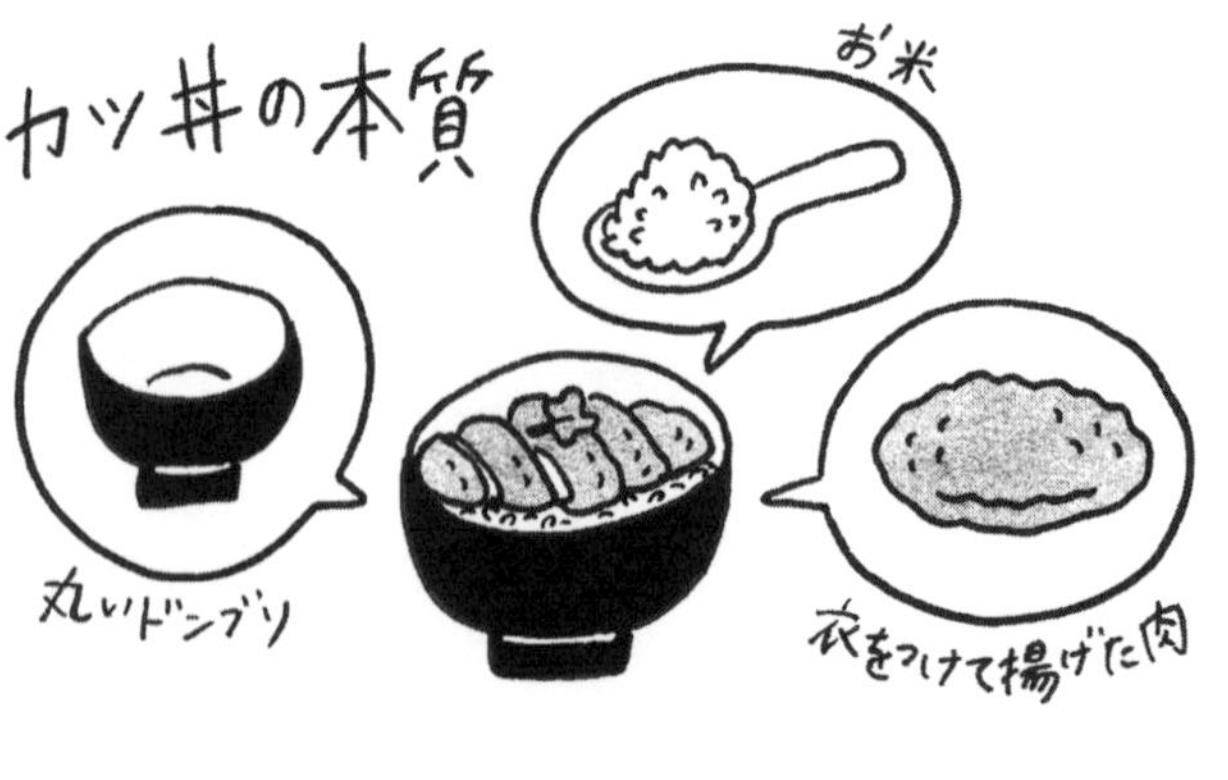

なっていくといった具合ですね。新しさを極め続ければ変わらないものが見えてくるわけです。

ここで〝はじめに〟の話に戻りますが、私は「スピリチュアルを科学的に論破する」という目的を掲げ研究を行ってきたのでした。そして最終的に一つの結論に到達し、やはり**願望実現法は存在する**という確信を得てしまったわけです。

そしてこのプロセスこそが「不易流行」のプロセスだったのだと、今ならはっきりとわかります。

私は「夢ノート」を実践しました。「アファメーション」を実践しました。世にあふれる「願望実現テクニック」をすべてやり尽くしたのではないかと思うほど、ただ目の前の実験が楽しくて楽しくて、ひたすら熱中していました。

ですが、その裏側で起きていたことは、実はカツ丼の新商品開発を続けた時に起きる現象とまったく同じだったのです。

つまり新たな形式を模索すればするほどカツ丼をカツ丼たらしめる本質が浮き彫りになっていくのと同様に、私があらゆるテクニックを実践し検証するその背後で、気付かぬ内に**願望実現法を願望実現法たらしめる本質の存在がどんどん浮き彫りになっていったのです**。

そしてある日、ふとしたきっかけですべての理論が互いに結び付いた時、振り返った私の目に飛び込んできたのは、もう取り返しがつかないほど大きく成長し、そして絶対的な存在となってしまった**「不易」**の姿だったのです。

ではその「不易」とは何か。それは**「考え方の土台」**です。そして「流行」は、「夢ノート」や「アファメーション」などの**「テクニック」**です。

私にとっての不易流行は、「不易＝考え方の土台」「流行＝テクニック」だったのです。

では「考え方の土台」とはいったい何なのでしょう。

同じ願望実現法を実践しても、人によって効果が違うのはなぜか？

例えば金運を引き寄せたい場合、評判の良い神社でお守りを買うとか、金運の入り口である西側の部屋を綺麗に掃除するとか、さまざまな方法があるかと思いますが、これらはすべて金運を引き寄せる「テクニック」の領域です。

こうした具体的な「テクニック」は多数あるにせよ、それを実践して本当に効果が出る人の割合は果たしてどの程度のものなのでしょうか。

ここでは全体論ではなく、是非ご自身の経験に当てはめて考えてみてください。

いかがでしょうか。効果があった方も、まったく効果がなかった方も、それぞれいらっしゃるかと思います。

ではなぜその差が生まれてしまうのか。まったく同じテクニックを使ってもその効果は千差万別。当たり前といえば当たり前のことなのかもしれませんし、「人それぞれ生まれも育ちも環境も違うんだから」という言葉で片付けてしまうこともできるでしょう。ですが、これに対して私の考えはこうなります。

「テクニック」の効果は「考え方の土台」次第で決まる。

なぜ効果の出る人と出ない人がいるのか。その理由は、実践者によって「考え方の土台」の有無、もしくは強度が異なるからです。そして、逆に言えばこの**「考え方の土台」さえ身に付けてしまえば、あとは何をやっても願いが叶ってしまうような「願望実現体質」になれる**のです。

問題はどうやってその土台を身に付けるか、ということですが、これは簡単です。**本書を読むだけ**です。本書こそがまさに「考え方の土台」のすべてを明らかにし、そして読むだけで願望実現に必要な前提知識をすべてインプットしていただけるよう構成した、**最強の願望実現ツール**となっているのです。

今はさまざまな情報があふれていますから、「あれをするとよい」「これはしないほうがいい」といった知識は容易に得ることができます。ですが、こと**願望実現に限って言えば断片的な知識を多く得るよりも前述した「考え方の土台」を身に付ける方が遥かに効果的**なのです。

そして、私がこれからお話しする内容にはすべて根拠があり、誰しもが「願望実現体質」になれるという確固たる自信を持ってお伝えするものとなります。

さて、ここでもう一度カツ丼の例を思い出してく

ださい。

「丸いドンブリに入っていること」「お米が入っていること」「衣を付けて揚げた肉が乗っていること」といった必要不可欠な要素さえクリアしていれば、あとはどんなアレンジを加えようともカツ丼として成立するのでしたね。

このように願望実現法も必要不可欠な要素、つまり**「考え方の土台」さえブレなければ、どんなテクニックを実践したとしても必ずその効果を享受できる**のです。

そして本書はまさに「読むだけ」で誰でも願望実現体質になれるよう、検証に検証を重ねた上で構成したものとなります。難しく考える必要はありません。特に深く考えず、リラックスして読み進めるだけで、潜在意識に土台が形成されていきます。

また「すべてを完璧に理解しなければ願望実現はできない」といったプレッシャーを与えるようなものでは一切ないことも、あらかじめ申し添えておきます。

読んでいる途中で理解できているか不安になってきたとしても、まったく問題ありません。不安な気持ちを手放し**リラックスして本書を最後まで読んでいただければ、必ず願望実現に必要な考え方が身に付く**はずです。

スピリチュアル迷子は願望実現への近道？

本書の目的はあくまで**願望実現に必要な思考パターンを身に付けること**。つまり「**考え方」そのものを書き換えることにあります**。もちろん効果的なワークもいくつかご紹介しますが、いずれも**読んだその日から即実行できる方法論**と思っていただければ概ね間違いないかと思います。

さて、本題に入る前に、もう一つだけ知っておいていただきたいことがあります。それは**「スピリチュアル迷子」**という状況についてです。

本書をお読みいただいている方の中には、数多の情報に触れすぎて「何が正しくて何が間違っているのかわからない」という状況に陥っている方もいらっしゃるのではないでしょうか。もしそうであれば、それは私にとって大変喜ばしいことです。

なぜなら本書の目的は、**世にあふれる願望実現法やその他のスピリチュアルメソッ**

ドを根底の部分で繋ぎ合わせ、統合していくことにあるからです。そしてそれを繋ぎ合わせるものこそが**「考え方の土台」**ということですね。

ちなみに「スピリチュアル迷子」とは、数多の願望実現法や思考法、占星術などに興味を持ち、インターネットサイトやセミナー、セッションなどを渡り歩いた挙句、結局正解を見失い、次から次へと情報を渡り歩きながら迷子のようになってしまっている状態のことですが、特に２０２０年以降、こういった方々が急増したのではないかと思っております。

既にご存知の方もいらっしゃるかと思いますが、２０２０年からは時代が変わりました。「土の時代」から「風の時代」への大転換期が２０２０年だったのです。これは占星術の考え方ですが、簡単に言えば物質至上主義の世界から精神性が重視される世

界へと移行したイメージですね。当然スピリチュアル界隈はお祭り騒ぎでしたし、動画コンテンツの普及によって誰しもが無料でそれらの情報に触れる機会を得たわけですから、ここがまさにスピリチュアルの入り口だったという方も大勢いたのではないでしょうか。

人が集まるということは、そこにビジネスが生まれるということです。それまでブルーオーシャンだったスピリチュアル界隈にどんどん新規発信者が参入し、各々のポジションを確固たるものにしていったのもちょうど２０２０年前後だったと記憶しています。そして**情報が増えれば増えるほど「正解がわからない」という現象も起きてくる**わけで、この頃を境にスピリチュアル迷子に陥る人も増えていったのではないか、というのが私の見解なのです。

一方、その頃の私と言えば、まさか自分がスピリチュアル関連の情報を発信するなんて夢にも思っておりませんでした。さらにはセルフ人体実験の絶頂期でしたから、次から次へと願望実現法を探し求めてはさまよい続けるという、まさにスピリチュアル迷子の特徴と寸分違わぬ生活を送っていたわけです。

ですから、具体的な解説に入る前にここではまず私自身の実体験も踏まえながら、スピリチュアル迷子の特徴を3パターンに分けて解説します。特に本書で説明する「考え方の土台」を理解するにあたっては、最初に自分自身の思考パターンや経験を洗い出し、見つめ直していただくことが重要となるからです。

また、この考えはスピリチュアル分野にとどまらず、例えば健康や自己啓発分野で「○○するだけで痩せる」とか「これを飲めば肝臓がピッカピカ」といった情報に振り回され結局何一つ継続できず動画サイトをひたすら見漁ってしまう、といった状況にも当てはまることですので、是非ご自身の経験と照らし合わせながらお読みください。

【スピリチュアル迷子の特徴】

①もっとよい方法があるかも！

一つ目は**「もっとよい方法があるかもしれない」という気持ちを捨て去れないパターン**です。私自身がまさにこのタイプなのですが、書籍や動画サイトで「これだ！」というものに出会うとすぐ実践して、大体3日目くらいでなんとなく飽きてしまう。そして短ければその時点で、長くても一週間くらいで「もっといい方法ないかな……」と新情報探求の旅へとまた出かけてしまうのです。

しかも厄介なのは一言にスピリチュアルと言っても、実際は「ヒーリング」「潜在意識書き換え」「引き寄せの法則」「波動」「占い」などと多岐に渡っているわけですから、**ネットサーフィンをしていれば次から次へと魅力的な新情報が供給され続け、**結果的に自分に合うか合わないかも曖昧なまま次のメソッドへ進んでしまうのです。

過去の私ほど継続力のない人は極めて稀だと思いますが、「これを継続する」という覚悟を持つのは、この情報化社会の中ではなかなか難易度が高いのかもしれません。

②あ、昨日やり忘れちゃった！　もういいや

二つ目は**「うっかり昨日忘れちゃった」もしくは「数日できない日が続いた」という状態から復帰できないパターン**です。

これも私自身が何度も経験したことです。「よし毎日やるぞ！」と意気込み、スマホの日数カウンターアプリをスタートさせて取り組んだところまではいいのですが……。うっかり寝落ちしてしまったとか、仕事が忙しくて数日できなかったとか、要するに「毎日継続すべきなのに途切れてしまった」という場合に「なんかもういいや……」となって諦めてしまうのです。

この場合、「毎日継続している自分」自体がモチベーションになっているので、一日でも飛ばしてしまうと全部どうでもよくなってしまいます。

本当は断続的であれ、一週間に1回であれ、長期目線でコツコツ継続していけばどんなメソッドもある程度効果は期待できるはずです。しかし、最初から意気込みすぎるとモチベーションが続かないが故に、**効果があったのかなかったのかが不明なまま終わってしまう**ことも少なくありません。

その結果として、他の継続しやすそうな方法を探し求める旅へと再び出かけてしまうわけですから、これもスピリチュアル迷子に陥る大きな要因の一つと言えるでしょう。

③○月○日に○○できなかった！　ヤバい！

最後は「**一粒万倍日に○○しなきゃ**」「**もうすぐライオンズゲートが閉まっちゃう！**」**といった焦りが逆にスピリチュアルから自分を遠ざけてしまうパターン**です。

私はこれにはあまり当てはまりませんでしたが、客観的に眺めていると、世の多くの動画サイトにはある種の不安や焦燥感を煽るようなキャッチフレーズがあふれかえっていることに気が付きます。

もちろんそれ自体はアクセス数を増やす戦略として必要なことですから、それを悪とみなしているわけでは一切ありません。ですが閲覧者からしてみれば「明日は今年最強の大開運日だから逃さないで」とか「この日以降は二極化する」といった情報は非常にワクワクする一方で、「**何かしなければならない」といった焦りや不安感**も心のどこかで感じてしまうものです。

例えば、〝超重要〟と位置付けられている「○月○日」にネガティブ思考に陥ってしまったら。もしくは大好きな動画発信者が「絶対にこれやってください」と言っていた儀式をうっかり忘れてしまったら。こういった失敗をした場合は厄介です。ものすごく凹んでしまうか、もしくは「あー、別にこんなん大して影響ないっしょ。人それぞれっしょ。くだらないわー」と、開き直りモードに突入したりするわけです。

そして、「この人の言ってたこと実践できなかったから別の動画検索しよ。えーっと、〝一粒万倍日　関係ない〟っと……」といったスピリチュアル動画サーフィンが始まるわけです。

以上がスピリチュアル迷子の主な特徴となりますが、これ以外にも「ただ単に楽しくて調べるのがやめられない」「スピリチュアルに傾倒している時期と現実主義の時期を繰り返してしまう」など、いくらでも特徴は挙げられるかと思います。

ですが、ここでは「こういう特徴があったらダメ」ということを言いたいわけではありません。むしろ**「少しでも思い当たる節があったらぜひ喜んでください」**ということをお伝えしたいのです。

スピリチュアル迷子に陥る確率が飛躍的に上がった理由は、「不易」を無視して「流行」のみを無限に受け取ることができるようになったからです。

今は高額なセミナーや情報商材に投資しなくても、まさにワンクリックでどんな情報も手に入る時代です。また情報が増えれば増えるほど「いかにキャッチーな見出しを付けるか」といった競争も激化していきますから、閲覧者はサムネイルを見てクリックするという作業だけでも十分満足感やある種の楽しさを感じることができるようになりました。そしてその先にはさらにキャッチーな、そしてワクワクするような動画が待っているわけです。

つまり「学ぶ」と「娯楽」の境界線が曖昧になっているのです。

数学を想像してください。公式を知らずして応用問題は決して解けないように、**「不易」を知らずして「流行」を知識に昇華させることはできません。**「流行」のみを無限に享受できる仕組みというのは、情報を受け取ること自体に満足できてしまう仕組みとも言えるのではないでしょうか。手段の目的化とは、まさにこのことです。

ですが、ご安心ください。仮にこれからさらに手軽に情報を入手することができる社会になっていくとしても、魅力的なコンテンツを次から次へと閲覧する趣味がやめられなかったとしても、**本書を読み終えた瞬間がまさにスピリチュアル迷子から解放される瞬間**となります。むしろ、多くの情報を断片的にインプットするのが好きな人であればあるほど劇的な効果を実感していただける可能性すらあるのです。

なぜなら、**蓄積された「流行」が多ければ多いほど、ちょっとしたきっかけでそれらがリンクした時に強大な「不易」が完成する**からです。そしてそのきっかけこそがまさに本書で紹介する**「考え方の土台」**なのです。

本書の目的は、すべての「流行」を繋ぎ合わせる「不易」を徹底的にインプットし、世にあふれるスピリチュアルな情報をすんなりと理解できる思考回路を作り上げていただくことにあるのは先にお伝えしました。

つまり、本書を読み終え、**「考え方の土台」がつくられた瞬間、今まであなたの脳内に存在していたすべての情報**（＝流行）**が単なる一情報としてではなく、実生活に応用できる生きた知識へと昇華され、一気に願望実現が加速する**のです。

もちろん、スピリチュアルに関する知識の蓄積が今現在まったくないという方も、問題ありません。

私がお伝えする内容は極めてシンプルで再現性の高いものですし、基本的にはこの一冊で願望実現に必要な知識はすべてインプットしていただけます。そしてシンプルだからこそ、それは確固たる土台としてあなたの人生を永遠に輝かせてくれるものになるはずです。

さて、ここからが本題です。

私はこれから皆様に「考え方の土台」を順序立てて説明していきます。今までいかなる願望実現法を実践しても効果が出なかった方や、不運な自分をどうにかしたくてなんとなく本書を手に取った方も、どうか願望実現プロセスをお楽しみください。

ポジティブな生き方に紐付く「疑いの気持ち」を消し去る

まずは考えていただきたいことがあります。

仮に「不幸になることこそが私の人生の目標だ」という信念が芽生えたとして、実際に不幸になるためのアクションプランを掲げることはできるでしょうか？

これは私の予想ですが、もし本当に不幸になりたいのであれば、その方法は意外と簡単に思いつくはずです。

例えば、日頃から出会う人全員に暴言を吐いて回り、飲食店やスーパーでは理不尽なクレームを入れまくる。職場では規律を完全に無視し、会議の席では言いたい放題言った挙句、飽きてきたらヘッドフォンを付けて爆睡。さらには全財産をすべて焼却炉で焼き払う、といった行動はどうでしょう。

「幸福」と「不幸」の定義は人それぞれにせよ、おそらく大多数の方が「これなら不幸になれる」とある程度確信を持てるはずです。しかも、これらは「やろう」と決意すれば「誰でも」「即実践可能な」「極めて再現性の高い」行動ばかりです。

ですが「不幸になりたい」などと考えている方は極めて少数派でしょう。

「俺は不幸の中でしか生きられない」とアウトローを気取っていたとしても、周囲から見放され全財産を失い、何一つ喜びのない環境に置かれても平気でいられるかと言えば、そうではない人がほとんどかと思います。結局人間は心のどこかに「幸福」への希望を抱えているものなのです。だからこそ前述のような、不幸になるに違いない行動を片っ端からして生きている人は皆無に等しいのです。

ではもう一つ考えてください。**幸福になるためのアクションプランを**掲げることはできるでしょうか？

例えば、日頃から誰に対しても優しく接し、毎日人のよいところを褒め、家族には愛をもって接する。周囲を明るく照らすような生き方を実践し、職場では後輩を優しく指導。休憩時間は明るい言葉を周囲に投げかけつつ、自身の金銭管理や資産運用も怠らない、といった行動はどうでしょう。

確かにこれならどこを切り取ってもポジティブな影響しか無さそうですし、「幸福になれそうだ」と感じた方も大勢いらっしゃるかと思います。

ですが、ちょっと待ってください。前者のネガティブな生き方は不幸になると確信を持てたとしても、後者のポジティブな生き方については本当に幸福になれると確信

が持てているでしょうか。**心のどこかに「人に優しくしても、幸福になれるかどうかは別問題」といった疑念のようなものが残っていませんか？**

少しでもそう感じた方は、その疑念をもう少し掘り下げてみてください。「人に優しくしても裏切られることだってある」とか「八方美人だと仲間はずれにされるかもしれない」とか「良い人すぎると人に騙されて酷い目にあうかもしれない」といった気持ちが少なからず残っていないでしょうか。

そしてもっと言えば、「誰しもが幸福になりたいと願っている」と仮定するなら、なぜ幸福になりたいと願いながら不幸な現実を嘆き続ける人がこんなにも大勢いるのでしょうか。

今はインターネットで検索すれば「確実に幸福になれる方法」などいくらでもヒットします。ですが、それを１００％信じて行動できるかと言えばそうではありません。「確実に不幸になる方法」は検索するまでもなく山ほど思い付くのに。

つまり、**「不幸になる方法」に対する絶対的な確信に比べ、「幸福になる方法」に対する確信は意外とふわっとしていて不明瞭なことが多い**のです。

これは「幸福になる方法」への認識に少なからず**「疑いの気持ち」**が付着しているということです。

そして実はこの**「疑いの気持ち」こそが、願望実現を遠ざける一番の要因**なのです。

願望実現のためには、まずポジティブな生き方に紐付いたさまざまな疑いの気持ちを消し去る必要があります。「ポジティブな行為が必ずしも幸福を呼ぶとは限らない」といったような疑念を取り払うのです。そして**「ポジティブな行為を実践すれば必ず幸福になれる」と〝確信〟できれば、未来は必ずその確信の通りにやってきます。**

ちなみにこの疑いの気持ちは「自我」と定義するのが最も的確かと私は考えます。**自我とは、生きていく中で心に張り付けていく汚れのようなもの**です。「人に優しくしたのに裏切られた」とか、そういう経験の一つ一つが汚れとなり、自我となって未来を曇らせていくのです。

しかし、仮に「人に優しくしたのに裏切られた」という現象が、実はポジティブな未来への途中段階だったとしたらどうでしょう。

「人に優しくした↓裏切られた」で終わってしまえば、「人に優しくしても自分が傷つくだけだ」つまり「優しさは無意味かもしれない」という汚れが心に付着します。

ですが、「人に優しくした↓裏切られた↓裏切られても優しくふるまった↓裏切った相手が改心して涙を流してあなたに感謝してくれた」という段階までこぎつければ、「何があっても優しさを忘れなければ奇跡が起こる」という確信が芽生えるかもしれません。

問題は「その確信をどう心に刻み付けるか」ということです。それについては順を追って説明していきます。

未来は「勝手に」やってくる

この章の初めに、「流行」のみをインプットし続けるとスピリチュアル迷子に陥る可能性が高まるといったお話をしました。そして以前の私はまさに「流行」のみをひたすら取り入れ続け迷走していたわけですから、この定義からすれば私も現在進行形でスピリチュアル迷子として生活していなければなりません。ましてや「不易」を解説する書籍を出版することなど到底不可能なはずです。

では、なぜ私は「不易」、つまり「考え方の土台」に辿り着くことができたか。

それは斎藤一人さんのある言葉に出会えたからです。私はその言葉を目にした瞬間、一瞬で脳内に「考え方の土台」が完成し、スピリチュアル迷子から解放されるに至りました。

少しだけその経緯をお話ししましょう。

前述の通り私は長い間、恐るべきスピリチュアルライフを送っていました。しかも、それは単純に情報収集を楽しむという目的ではなく「スピリチュアルを科学的に論破する」という極めて不純な動機に基づくもの。すると必然的にインプットだけで終わることができず、常に検証作業が付きまとい、結果的にとんでもない時間を費やすことになってしまったわけです。

検証作業自体は苦痛ではありませんでした。むしろ楽しすぎて徹底的にのめりこみ、完全にスピリチュアル迷子状態に陥ってしまったのですが、楽しかったからといって当初の目的がすんなり達成されたわけではありません。研究にのめりこめばのめりこむほど、正解がいったいどこにあるのか余計にわからなくなるような、出口のない迷宮を彷徨っている感覚を常に味わっていたことも事実です。

しかし、そんな私に転機が訪れます。それは２０２２年7月のこと。自分でもまったく予想していないタイミングでの出来事でした。何気なくネットサーフィンをしていると、ふいに斎藤一人さんの言葉が紹介されているのを目にしたのです。

もはや説明する必要もないかもしれませんが、斎藤一人さんは銀座まるかんの創始者で12年連続全国高額納税者番付10位以内という前人未到の偉業を成し遂げた日本屈指の実業家です。有名な「天国言葉」など、愛をベースにした成功法則は多くの信奉者を生み、私自身も斎藤一人さんの考え方に救われた人間の一人です。


そんな私がその時目にした言葉は**「未来は勝手にやってくる」**というものでした。

ただなりゆきで辿り着いた言葉でしたし、斎藤一人さんの著書は以前にも読んだことがあったので、もしかしたら過去にも目にしたことのある言葉だったのかもしれません。**でもその瞬間、そのタイミングで出会えたからこそ意味があったのです。**そして、私の長く続いた試行錯誤を終わらせるにはそれで十分でした。

それは私が4年間かけて実践してきた「夢ノート」「感謝ノート」「アファメーション」「瞑想」「天国言葉」「統合ワーク」「潜在意識の書き換え」「メンタルブロック解除」「ソルフェジオ周波数」「パワーストーン」「思考法」など、**ありとあらゆる「テクニック＝流行」をすべて繋ぎ合わせる「考え方の土台＝不易」そのものであり、迷宮の外**

へと私を導く最後の鍵だったのです。

そこからの作業はあっという間でした。今まで積み上げてきたデータをすべて検証し、そのすべてが何らかの関係性を保った中で成り立っているという事実を確認した後、研究結果を書籍として出版する決意を固めました。その書籍は『この通り進めば必ず叶う 願望実現への最短ルート案内』というタイトルで同年10月にKindleで個人出版しました。本書はこれを原型としながら改編を加え、また特に重要な部分はそのまま引用し、念願の全国出版を実現した書籍となります。

余談ですが、2022年まで執筆どころかろくに文章を書いたことすらなかった人間が、2025年にこうして全国の書店に置かれる書籍を出版できたこと自体、私がこれからお話しする願望実現法の証明となるのかもしれませんね。

では**「未来は勝手にやってくる」**という言葉を目にした時、私の脳内で瞬時に完成した「考え方の土台」とはいったい何だったのか。ここからのお話がまさに本書の肝となる最重要事項となります。ぜひじっくりとお読みください。

未来は「今」の自分次第でコントロールできる【ベルトコンベア理論】

皆様は「願いを叶える」と聞くと、どのようなプロセスを想像するでしょうか？

かつての私を含め一般的なイメージは「自分が理想の未来に向かって努力しながら進む」といったものではないかと思います。未来に理想を描いて、そこまでの道のりを自分の足で一歩一歩進んでいくイメージですね。

ですがこの方法だと、いざ分かれ道に差し掛かった時、どちらの道を選択すればよいのか迷ってしまうのです。もしくは、今歩いているこの道は本当に正しいのだろうかという疑念が湧き上がることもあるかもしれません。

つまり、**どれだけ明確な願望を掲げ努力しようとも、その結果が未来に委ねられている以上、不安が常に付きまとってしまい、自分の進むべき道に確信が持てない**のです。人間は疑問を抱えた状態だと行動力が低下します。「この道を進めば必ず報酬が手に入る」と確信していれば全力疾走で進めたとしても、その確信がなければ途中で疲れて諦めてしまうのです。

ではこれを「未来は勝手にやってくる」イメージに書き換えるとどうなるでしょうか。「未来は自分で進んでつかみ取る」のではなく、**「向こうから勝手にやってくる」**というイメージですね。

ここで仮にあなたの目の前に**「自分方向へ流れてくるベルトコンベア」**が置かれていると想像してみてください。あなたはそのベルトコンベアに向かってりんごを投げ込みます。すると時間差で自分の足元へりんごが流れてきました。次に１００円玉を投げ込むと、やはり１００円玉は数秒後に自分の足元へ流れてきます。

おわかりいただけましたでしょうか。これが「未来は勝手にやってくる」イメージです。つまり、**現在の自分が未来へ投げたものが時間差で返ってくる**ということです。

重要なことなのでもう一度言います。**未来は、「今」の自分が投げかけたものが時間差で返ってくるというルールの下に成り立っています。そして、未来に投げるものはりんごや100円玉のような物質ではなく、「言葉」と「行動」と「思考」**です。

よく「過去や未来ではなく今にフォーカスしろ」という言葉を耳にしますが、これはまさに「今」の自分の「言葉」や「行動」や「思考」が未来を創るという考え方そのものだと私は解釈しています。

今この瞬間のあなたの「言葉」と「行動」と「思考」がそのまま未来に投げられ、やがて自分に返ってくるということ。

つまり今後やってくる未来は「今」の自分次第で自由自在にコントロールできるのです。

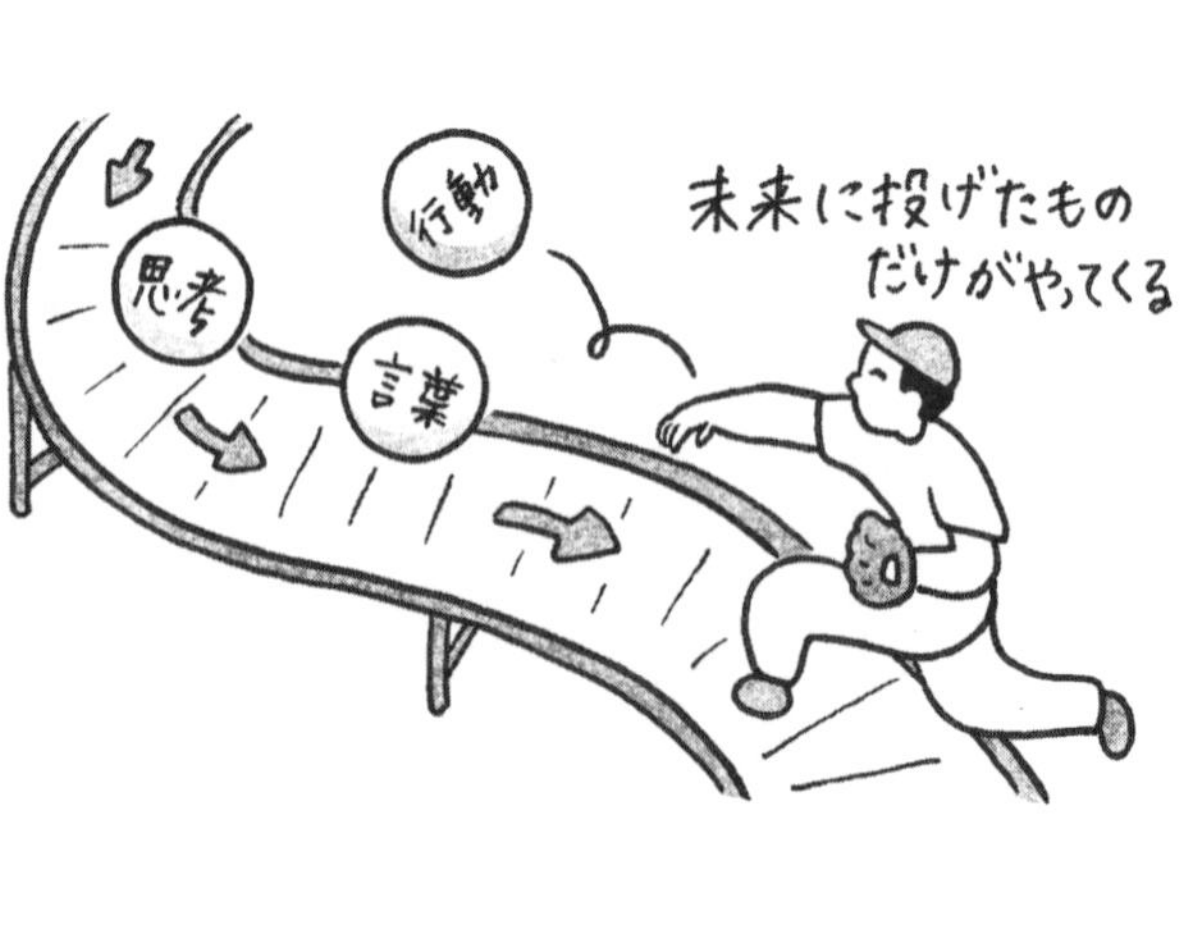

未来に投げたもの
だけがやってくる
行動
思考
言葉

これこそが私の辿り着いた「不易」、すなわち「考え方の土台」そのものでした。これは特段新しい考え方ではないのかもしれませんが、既に知識のある方も「当たり前じゃないか」と思わず、是非考え方を整理する意味でもまっさらな気持ちで改めて考えてみてください。

少なくとも私にとっては、この考え方こそが「今の自分を喜ばせる」「ポジティブな言葉を意識する」「願望をノートに書く」など、今まで漠然と捉えていた数多の方法に、くっきりとした輪郭を与える最後の1ピースでした。

この基礎さえ揺らがなければ、今後どれだけ動画サイトや書籍で情報をインプットしようとも、**そのすべてが断片的な情報としてではなく、一貫性を持った「生きた知識」としてすんなりと落とし込まれるはず**です。

私はこれを**「ベルトコンベア理論」**と名付け、現在もこれを軸に情報をインプットし続けていますが、少なくとも私が見た限り、すべてにこの理論は当てはまります。

例えば「アファメーション」も未来に願望を投げ込む行為ですし、俗に言う「引き寄せの法則」もこの理論を基に考えると納得がいきます。「メンタルブロック」も「思考は現実化する」という話も「潜在意識の書き換え」もそうです。本当に挙げていけばきりがありません。

それに、これはスピリチュアルに限った話ではなく、**よいことをすればよい現象が、悪いことをすれば悪い現象が返ってくるというのは、誰しもが感覚的にわかっていること**だと思います。

ただ、**今までの人生で形成された自我が邪魔をして、当たり前のことを当たり前のこととして確信できないからこそ、さまざまな疑念が湧き上がり、結果的に不適切な行動をとってしまう**のです。

ここでもう一度「幸福になる方法には確信が持てない」というお話を思い出してください。なぜ確信が持てないか、その理由はまさに「未来を未知のものとして捉えている」からです。ですが、これをベルトコンベア理論に当てはめて考えるとどうなるでしょう。

「今の自分次第で未来はコントロールできる」という視点に立てば、幸福になるた

めの道筋が見えてきませんか。そして、もしそう感じるのであれば、ぜひその感覚に従ってこれ以降もお読みいただければと思います。

今の段階ではまだ半信半疑であったとしても、まったく問題ありません。読み進めるうちに、きっと考えが整理されて、ワクワクした気持ちで願望実現プロセスを楽しめるようになるはずです。

なお、これ以降は目の前にベルトコンベアがあると想像しながら読んでいただくと、より理解が深まるのでぜひ実践してみてください

プラスのエネルギーを投げれば、プラスの結果が戻ってくる

ここまで「ベルトコンベア理論」の本質的な部分をざっくりと解説してきました。これは特別未来に何かを投げる儀式をするということではなく、**今現在の自分が発した「言葉」や「行動」、「思考」がそのまま未来に投げられ、なんらかの形で返ってくる**ということです。自分が「ありがとう」という言葉を発したら、「ありがとう」と言いたくなるような未来がやってくる、といったイメージですね。

もう少しデフォルメして言うなら、**ポジティブな行為をするとポジティブな現実が、ネガティブな行為をするとネガティブな現実がやってくる**、ということです。

こう聞くといかにもスピリチュアル然とした話に聞こえるかもしれませんが、実生活でも意外と当てはまることが多いことにもお気づきいただけるかと思います。

例えば、欲しかった時計を万引きしたら、その時は手に入って嬉しいかもしれませんが、それは犯罪ですから逮捕されます。つまり「万引き」というネガティブな行為をしたことでネガティブが未来に投げかけられ、逮捕というネガティブな未来がやってきたのです。

この例え話は当たり前すぎると思われたかもしれませんが、問題の核心はそこにあります。このようなわかりやすい例ならすぐに理解できるのに、それが「陰口」や「ポイ捨て」など人目に付かない行為だったらと考えたとき、「そのくらい大丈夫なんじゃないか」という気持ちが芽生えてくるのではないでしょうか。

これがまさに問題なのです。悪口や愚痴、不平不満にも同じことが言えます。

逮捕のようなわかりやすい未来がある場合、人間はその原因となる行動を控えようとしますが、明確なデメリットを感じない場合には特に深く考えません。

「職場の人間全員に暴言を吐いて回る」といった行為の先にあるネガティブな現実は確信できたとしても、「ネットで悪口を拡散する」といった匿名性の高い行為の先にあるネガティブな現実には、なかなか確信が持てないのです。

ですがここではっきりとお伝えします。万引きであれ、ＳＮＳで不満を吐き散らかす行為であれ、**ネガティブな行為をすれば必ず未来にネガティブが投げられ、ネガティブな現象がベルトコンベアに乗って返ってきます。**

そしてそれは投げかけた時よりもさらに大きくなって返ってきます。

なぜかというと、それは**自分の発した「言葉」「行動」「思考」がエネルギーとして未来に投げられる**からです。何らかのエネルギーを発すると、そのエネルギーが似た者同士で共鳴しあい、増幅されて自分のところに返ってくるのです。

「ポジティブ＝プラスのエネルギー」「ネガティブ＝マイナスのエネルギー」と考えるとよりわかりやすいかもしれません。**ポジティブな言葉を発すれば、それが世界のポジティブなエネルギーをたくさんくっつけて返ってきてくれる**イメージですね。

結局、世の中は同じエネルギーを引き寄せ合いながら成り立っているのです。

クリスマスやお正月に、なぜか世界が同じムードで包まれているかのような感覚を味わったことはないでしょうか。これはあなたの発する「お正月気分」が全国の人々が発している「お正月気分」と共鳴して自分に返ってきているからこそです。

これと同様に、自分がプラスのエネルギーを投げかければ、それが世界に存在するプラスのエネルギーと共鳴し、増幅されて返ってきます。そして、マイナスのエネルギーを投げかければ、マイナスのエネルギーと共鳴し増幅されて返ってきます。

「ポジティブ」「ネガティブ」というのは決して漠然とした感覚的なものではなく、**明確な力を有するエネルギーとして存在している**。この認識は、ベルトコンベア理論を実生活に活かすためにも極めて重要となりますので、ぜひ覚えておいてください。

投げたものが返ってくるまでにはタイムラグがある

もう一つ重要なことがあります。それは、**未来へ投げたものが返ってくるまでにはタイムラグがある**ということです。

「今日から一日一善を心掛けて生活しよう」と決意しても長続きしないのは、このタイムラグを理解できていないからです。「一カ月頑張れば確実にこんな報酬が待っている」と確信できていれば続けられると思うのですが、確信がない状態だと3日目くらいで「やっぱり効果なさそうだな……」などと考え始めてしまうのです。

ポジティブを未来に投げたら、**あとはそのことを忘れてしまうか、もしくは具体的な報酬を期待せず「そのうち幸運がベルトコンベアに乗ってやってくるだろう」くらいに考えてワクワクしながら生活する**のが効果的です。

人の掃除を手伝ってあげたとか、「ありがとう」と100回唱えたとか、そういったポジティブな行為のあとに「もうすぐこんな形で願いが叶うだろう」「きっとあの人はお礼に○○をくれるだろう」と具体的な報酬を期待してしまうと、日を追うごとに「あれ？ まだ叶わないな」「今日も特にいいことがなかった」といった気持ちになってしまうからです。そしてその結果として、焦りや不安といったネガティブな感情が未来に投げられてしまうのです。

ですから、**タイムラグがあることを理解し、具体的な報酬を期待して待たない**ということをぜひ心掛けてください。人を褒めたら、勝手にそれが拡散する。そして連鎖反応を起こし、忘れた頃に大きくなって自分に返ってくると考える。**長期的な視点で善行を未来に投げ続けることこそが重要**なのです。

さて、ここまでの説明で、ベルトコンベア理論の考え方についてはなんとなくご理解いただけたのではないかと思います。

ここで、こんな疑問も湧き上がってくるのではないでしょうか。

「何がポジティブで何がネガティブかなんて人によって違うんじゃないの？」

「与えたものがそのまま増幅されて返ってくるなら、募金すれば億万長者だよね？」「ネガティブな歌を歌っているアーティストは全員不幸になるってことになるけど、大成功している人もいるよね？」

といった具合に。私自身も生粋の天邪鬼ですから、常に情報をそういった目で見てしまうんですね。

もちろん「ポジティブを投げれば人生幸せになれるんだ！」とストレートに信じることができるのが理想ですが、そう簡単に信じることも難しいかと思います。

ですが、どうかご安心ください。本書を読み終える頃にはそれらの疑問が一掃され、幸福への道筋に必ず確信が持てるはずです。そして、メインテーマである「願望実現」についてもベルトコンベア理論を活用しながら具体的な方法をご提示しますので、ぜひもうしばらくお付き合いください。

ネガティブな言葉はできるだけ封印

それではさっそく「何がポジティブで何がネガティブなの？」という疑問にお答えしていきたいと思います。これには**「誰かが定めた基準に従う」**と**「自分で定義する」**という2通りの考え方があります。

前者は言うまでもなく「先人の教えに従う」ということになります。後者は「自分の感情に従って決める」ということになるのですが、ここではわかりやすい前者を例にとって話を進め、斎藤一人さんの「天国言葉」と小林正観さんの「五戒」を参考として**「口にするべきではない言葉（ネガティブ）」**と**「口にするべき言葉（ポジティブ）」**を簡単にまとめることにします。

これがすなわち「誰かが定めた基準」となるわけですね。

なお、52ページで現在の「言葉」「行動」「思考」がエネルギーとして未来に投げられるとお話ししましたが、最も簡単に変えやすく、効果が実感しやすいのが「言葉」となります。そして「言葉」は、「行動」と「思考」を直接的に変化させますから、ここではあえて「言葉」に限定して説明していこうと思います。

口にするべきではない言葉（ネガティブ） ※小林正観さん「五戒」より

・不平不満
・愚痴
・悪口
・文句
・泣き言

口にするべき言葉（ポジティブ） ※斎藤一人さん「天国言葉」より

・愛情（愛してます）
・幸運（ついてる）

- 喜び（嬉しい、楽しい）
- 感謝（感謝します、ありがとう）
- 幸福（幸せ）
- 許容（許します）
- 安心（なんとかなる）

もちろん言葉だけでなく、「行動」（重いものを持ってあげる、仕事を手伝ってあげる、愛を持って人に接する）や「思考」（不安要素ばかり考えるのをやめてプラス思考で生きる、ワクワク感を維持する）も重要ですが、「行動」や「思考」も「五戒」と「天国言葉」に基づいて選択すれば、何がネガティブで何がポジティブかを概ね区分できるかと思います。

ただ、手っ取り早く願望実現体質になりたいのであれば、まずは**ネガティブな言葉をできるだけ封印**することから始めてみてください。言葉が変われば行動も思考も変わるからです。人間はポジティブよりネガティブに強く引っ張られる傾向がありますので、ネガティブな言葉を未来に投げればその後は連鎖的に行動も思考もネガティブに引っ張られ、「ネガティブな言葉」「ネガティブな行動」「ネガティブな思考」そのすべてを未来に投げ続けることとなります。

それはつまり、目の前のベルトコンベアに山ほどネガティブを投げ込む行為であり、時間差で未来からネガティブな現象が津波のように押し寄せてくるということです。そうなればまた愚痴や不平不満、泣き言や文句を言いたくなってしまい、ネガティブスパイラルとなって人生をどんよりしたものに変えてしまいます。

ちなみに、言うまでもなくポジティブを投げ込んだ場合にはこれと真逆の現象が起こります。ですがいきなり言動をポジティブに変えるのが難しい場合には、とりあえずネガティブな言葉の封印だけを心掛けて生活してみてください。**ネガティブな言葉を封印すると覚悟を決めた瞬間から、恐らく２〜３日目あたりでいきなり奇跡的な現象が起こり始める**はずです。

「自分が引き寄せたい現実」＝「ポジティブ」と捉える

次に「自分で定義する」という方法を見ていきますが、結論から言うと、自分で決める場合のポジティブとネガティブは以下のように分類できます。

ポジティブ＝自分が引き寄せたいもの
ネガティブ＝自分が引き寄せたくないもの

これは先ほどのベルトコンベア理論を基に考えるとわかります。ベルトコンベア理論は簡単に言えば今現在の自分が発した「言葉」「行動」「思考」がエネルギーとして未来に投げられ、自分に返ってくるという法則でした。

つまり「これがポジティブ」「これがネガティブ」と誰かが定義したものに従うの

もちろん良いのですが、**「自分が引き寄せたい現実」を「ポジティブ」と捉える方が腑に落ちる**場合も多いのです。

例えば「人に優しくされたい」と思っているのであれば、普段から「人に優しくする」「優しい言葉を投げかける」などの行動を心掛ければ、自分が好ましいと感じる現実がベルトコンベアに乗って返ってきてくれます。

一方で「人を傷つけ、人に傷つけられながら修羅の道を歩みたい」と考えている人にとっては「人を傷つけること」を「ポジティブ」と定義するとベルトコンベア理論がすんなり理解できるようになります。この理由は言うまでもなく「引き寄せたいもの」が「人に傷つけられる未来」だからです。

スピリチュアル発信者がよく「ポジティブを心掛けてください」と言うのは、突き詰めていけば「人生はこうあるべきだ」という人生観を押し付けているわけではなく、「願望実現の方法論」もしくは「望む未来を手に入れる為の方法論」としての提案である場合が極めて多いのです。要するに、**与えたものは必ず返ってくる**のです。

与えたものは別の形で返ってくる

ですが「そのまま返ってくる」というわけではありません。「人にお金をあげたからお金が返ってくるだろう」「こんなことをしたからこういう形で返ってくるだろう」という期待は、実は無意味なのです。

なぜなら、**ほとんどの場合、与えたものは「予想だにしない形」で返ってくる**からです。もしも投げたものが必ずそのまま大きくなって返ってくるとするなら、お金が欲しい人はみんなこぞって募金をするはずですよね。

つまり、確信が持てれば行動できるのです。ではなぜそうしないかと言えば、与えたものが予想だにしない形で返ってくるからです。与えたものと別の形で返ってくるからこそ、この絶対的な因果関係に気付けず、自分が未来に投げたものが返ってくるという事実に確信が持てないのです。

ただ、一つだけ確かなことは、**ポジティブを投げれば、形は違えど別のポジティブな現象が返ってくる**ということです。反対に**ネガティブを投げれば別のネガティブな現象が返ってきます**。つまり、お金を与えたらお金で返ってくるとは限りませんが、**ポジティブは必ずポジティブで、ネガティブは必ずネガティブで返ってくるという事実はゆるがない**のです。「近しいエネルギーを持つ現実が返ってくる」と解釈してもわかりやすいですね。

とにかくいかなる状況であっても、この事実だけは押さえておいてください。**この確信こそが願望実現への第一歩**です。

そして同様に、正しい方法で願望を投げれば、それが現実のものとなって返ってきます。具体的な願望の投げ方は第3章で後述しますが、これはつまり**理想の未来は自分で作り出すことができる**ということなのです。

ネガティブはポジティブで相殺できる【打ち消し合いの法則】

ポジティブとネガティブは、エネルギーとして未来に投げられ、増幅して返ってくるというのは先ほどお話しした通りです。では、ネガティブな歌ばかりを歌っているアーティストはいずれ悲惨な末路を辿るのでしょうか。

答えは半分イエス、そして半分ノーです。

例えば、どんよりした気持ちのままネガティブな楽曲を制作したとしましょう。曲が完成した後もまったくその曲に満足できず、演奏しても全然楽しくなく、誰にも受け入れられない、という場合には、全工程においてネガティブしか投げ込んでいないということになります。したがってそれは当然ネガティブな現実として本人に返ってきます。

ですが、つらい気持ちやフラストレーションを楽曲として出力し、それによって自分の心が楽になった。そして、その曲を聴いた大勢の人たちが自分の心を代弁してもらったような気持ちになって救われたとしたらどうでしょう。この場合は、むしろポジティブな現象として返ってくる可能性が高くなります。

なぜなら曲作りの際、もしくはその曲を歌う際に投げ込んだネガティブを、その後に湧き上がるポジティブな感情や聞き手の喜びで打ち消しているからです。これが「なぜネガティブな歌ばかり歌っているのに大成功を収めているアーティストがいるのか」という疑問に対する回答となります。

つまり**ベルトコンベア上に乗っかっているネガティブは、そのあとの感情や行動、もしくは人に与える感動や喜びによっていくらでも打ち消すことができる**のです。

作家やアーティストとして成功する人は、この作用をうまく利用できる人なのだと私は考えています。「自分が与えたものが返ってくる」という視点に立てば、仮に作品にネガティブな要素を山ほど詰め込んだとしても、それが多くの人の感動や高揚感を生むのであれば、制作時のネガティブがその後自分が与えた莫大なポジティブによって打ち消され、ポジティブな現実のみがベルトコンベアに乗って返ってくるのです。ＳＮＳや動画サイトで一見ネガティブな発信をしているインフルエンサーも同様ですね。悲惨な自分をあえて出力することで多くの人を楽しませ、ある種の喜びを提供できているからこそ、結果的に成功を収めているわけです。

また、この場合、自分の与えたものが金銭や名声といった形で返ってくるので、これが63ページの「与えたものは別の形で返ってくる」という法則のわかりやすい例と言えるかもしれません。

ですがここで本当にお伝えしたいのは、「作家やアーティストの方は安心してください」ということではありません。これらはあくまで例え話です。私が本当に伝えたいことは**「過去の自分に対して引け目を感じる必要はありません」**ということです。

例えば、幼少期からずっとネガティブ思考で、就職してからも愚痴や不平不満を言い続けながら生きてきた人、もしくは過去に重大な過ちを犯してしまった人にとっては、ベルトコンベア理論は一見「それらが全部ベルトコンベアに乗って返ってくる」という恐怖感を与えてしまうかもしれません。

ですが、断言します。**過去など大した問題ではありません**。**今この瞬間から考え方を変えれば人生を好転させることは十分可能**なのです。

理由はシンプルで、**あとからどんどんポジティブを投げ込めば、それらのネガティブを打ち消すことができるから**です。そしてもし今日から本気で実践しようと思えば、逆転現象を起こすことが十分可能なわけです。

「今までなぜか不運続きだった」「これまでよいことなんて一つもなかった」「つらい人生だった」という人は、今がまさに人生好転のスタート地点です。**試しに今「ありがとうございます」と唱えてみてください**。それだけで一つ、**過去に投げ込んだネガティブが打ち消されます**。もう一度唱えてみてください。また一つ打ち消されます。

有名な開運メソッドに「〝ありがとう〟と1000回唱える」というものがありますが、なぜこの方法を実践した人たちから奇跡の報告が絶えないのか。その理由がまさにこれです。集中的にポジティブな言葉を唱えることで逆転現象を起こし、幸福な人生へのスタートを切るというのが「〃ありがとう〃と1000回唱える」という方法の本質であると私は考えています。

もう一度言います。**過去は関係ありません**。ベルトコンベア理論を知った今この瞬間のあなたが、どちら側に舵を切るかだけの話です。どのタイミングであれ、**本人が「ポジティブを投げ込み続けよう」と決意した瞬間、人生の好転が始まる**のです。

悪口を言いたくなる瞬間は大チャンス？
【ギャップの法則】

愚痴、悪口、不平不満、文句、泣き言を言わない。これは、偉大な先人たちの教えによりスピリチュアル界隈ではもはや当たり前の認識として定着している事柄ですが、ここではこれをもう少し掘り下げて、なぜ言ってはいけないのか、もしくは言わないとどんなメリットがあるのかを解説していきます。

簡単に言えば、悪口を言うということは未来に悪口を投げるということです。悪口を投げると、形は違えどまた悪口を言いたくなるような出来事がベルトコンベアに乗って返ってきます。しかも返ってくる時には増幅されて戻ってきます。

一方で、**悪口や愚痴を言いたくなる瞬間というのは実は大チャンスでもあるのです。なぜなら、そんな状況にもかかわらずポジティブな言葉を発することができれば、と**

んでもない量のポジティブエネルギーを未来に投げることになるからです。そしてそれは、本当に大きな幸福となって自分の身に返ってきます。

これは理屈云々ではなく数多の事例や私自身の実体験から「もうそういう法則があるとしか思えない」というものなのですが、いずれにせよこの際のエネルギーは本当に凄まじいものです。

もしかしたらネガティブな状況をポジティブで返すというのは、**そのギャップの大きさによりとてつもないエネルギーを未来に投げることに繋がっている**のかもしれません。あなたが仮に固い壁だったとして、時速50㎞で飛んでくるボールより時速150㎞で飛んでくるボールの方が遥かに遠くまで跳ね返せるようなものです。

この例のように、**自身に降りかかるネガティブな現象が大きければ大きいほど、この作用は強力に働きます**。

世の成功者が大成功を収める前に何らかの大失敗をしているといった話はよく聞きますが、こういった人たちは大失敗と思えるようなネガティブな現象を敢えてチャンスと捉え、ポジティブに打ち返した結果、大成功を収めているのではないでしょうか。

「逆境に強い人」が賞賛されたり成功しやすかったりすることも、この**ギャップの法則**の存在にある程度の信憑性を与えてくれます。

とにかく、**ネガティブとポジティブのギャップが大きければ大きいほど莫大なポジティブエネルギーが未来に投げられる**という事実は、実生活で本当に役立つ心構えとなりますからぜひ覚えておいてください。

これを理解することができれば、どんな出来事にも物怖じせず堂々と立ち向かえるようになります。また、うっかり悪口を言ってしまっても落ち込む必要はありません。もちろん何らかのネガティブな現象になって返ってくるかもしれませんが、**大きくなって返ってきたネガティブな現象をポジティブに打ち返せば、さらに大きな幸運となって返ってくる**からです。

こう考えていくと、**世の中に失敗などというものは存在しない**ことに気が付きます。目の前に起きる出来事の仕組みというのは、実はこのようにすごく単純にできているのです。

「めんどくさい」を「ワクワク」に変換！

前述の通り、ギャップの法則はすべての出来事を幸運に変換できる便利な法則ですが、これは大きな出来事が発生した時に限らず、日常生活でも簡単に発動させることができます。

例えば「めんどくさい」という気持ちはどうでしょう。これは日常生活で頻繁に湧き上がりますよね。

そして「絶対これをやったら良くなるけど、死ぬほどめんどくさい」というのはネガティブとポジティブのギャップが大きい絶好のチャンスとなります。

ここでは家の掃除を例に挙げて解説しますが、掃除というのはとても面倒に感じるものです。その一方で、部屋が散らかっていると悪いエネルギーが充満します。というか、部屋が汚いと帰ってきたときにどんよりした気持ちになりますよね。その時、未来にどんよりした「思考」を投げてしまっているのです。

このように、家の掃除は「絶対にやったらよくなるけれどめんどくさい」仕事の代表例と言えるでしょう。ですが、**ギャップの法則の考え方を身に付けさえすれば、「掃除がめんどくさい」という感情が芽生えた瞬間に、「チャンスだ！」と思えるようになります。**「めんどくさい」というネガティブな気持ちを「掃除」というポジティブな行動で打ち返す絶好のチャンスだからです。

とはいえ、これを実践するためには心構えに注意が必要です。この後必ず幸運がやってくるという確信を持っている状態であれば、ネガティブとポジティブのギャップで必ず幸運が返ってきますが、仮にこれを「あの人に叱られるからやらなきゃいけない」といったネガティブな感情で実行したらどうでしょう。掃除中も「嫌だ嫌だ」という気持ちが継続してしまい、結果的にネガティブがネガティブに繋がっているだけなので、プラス方向にあまりギャップが生まれないのです。

したがって、「掃除がめんどくさい」と感じた瞬間にはギャップの法則を思い出し、

「ここで掃除すればポジティブエネルギーが一気に未来に投げられるぞ」という気持ちに切り替えてみてください。そうすれば**掃除中もワクワク感を維持でき、未来にポジティブなエネルギーを投げ込み続けることができます**。

そして掃除を終えた後には達成感を得られ、少し前のネガティブな状態とのギャップで大きなポジティブエネルギーを未来に投げることができるはずです。例えばトイレ掃除をすると金運が上がるという話もよく聞きますが、**トイレのように誰もが掃除を嫌がる場所を掃除するというのも、ネガティブとポジティブのギャップが大きいから幸運に繋がりやすい**と言えるでしょう。

職場で小さなゴミが落ちているのを見つけたら拾う、ポットのお湯が減っていることに気づいたら足しておくなど、面倒でつい見て見ぬふりをしていた些細なことも

ギャップ効果発動の大チャンスです。**「気づいたらやってあげる」というスタンスをぜひ身に付けてください**。日常の些細な積み重ねが大きな奇跡を引き寄せるのです。

さて、今回は掃除を例に挙げましたが、これは何か新しいことを始める時にも同じことが言えます。何か新しいことを始めた時、なぜか始めたての頃が一番うまくいっていた経験はありませんか？

何かを始めるきっかけは、「ネガティブな状況から回復するため」というのが一番多いと思います。例えばお金に困ったから副業を始めるなどですね。

そしてこれが最初の頃にうまくいきやすい理由は、**今まで面倒でなかなか手が出せなかったことに取り組めたことで、ネガティブをポジティブに変換するエネルギーが未来に投げられるから**です。

特に、どん底と思えるようなネガティブな状態から一念発起して立ち上がると、ネガティブとポジティブのギャップが大きいため、一気に幸運となって返ってきます。

もちろん、嫌々やるのではなく「今立ち上がれば大きなポジティブエネルギーを未来に投げることができる」とワクワクしながらやることが重要ですが、今なかなか面倒で手が出せないことがある人は、ぜひこの考え方に基づいて、新しいことにチャレンジしてみてください。

ちなみに、本書の原型となる『この通り進めば必ず叶う　願望実現への最短ルート案内』を書き上げた時も、まさにギャップの法則が発動していたのだと今ならはっきりわかります。

「莫大な研究結果を一冊にまとめ上げるなんてできるだろうか」「そもそもスピリチュアルなんて本業とまったく関係ないし、そんな専門分野外の本を書いても誹謗中傷の的になるだけなんじゃないか」といった不安を「でもやってやる！」という決意で打ち返したのです。

その結果、何かに操られているんじゃないかという勢いで一気に書き上げることができました。晴れて出版社から出すことになった本書もその時の決意がなければ決して生まれることはなかったので、**やはりギャップの法則は存在する**と私は確信を持っているわけです。

いずれにせよ新しいことを始める時の心構えは、**「めんどくさい」を「ワクワクする」に変換することに尽きる**と言ってもいいくらい、この「ギャップの法則」はありとあらゆるケースに役立つのです。

さて、ここまで私はベルトコンベア理論を軸に、

- **ポジティブとネガティブはエネルギーとして未来に投げられる**
- **未来へ投げたものが返ってくるまでにはタイムラグがある**
- **ネガティブとポジティブの定義**
- **与えたものは別の形で返ってくる**
- **打ち消し合いの法則**
- **ギャップの法則**

という6点を解説してきましたが、ここまでが「骨子」の部分となります。次はここに肉付けをしていくわけですが、では「肉」とは何か。それは次の3点です。

・自分に焦点を当てる
・他責思考の排除
・出し惜しみをしない

骨子が「自分自身のスタンス」だとすれば、肉が「他人に対するスタンス」といったイメージですね。既に骨子は完成しているので、あとは肉付けさえ完了してしまえば「考え方の土台」が強固なものとして定着するというわけです。

では、順に肉の部分を見ていきましょう。

他者を見るのではなく、自分に焦点を当てる

「あの人はすごく親切で皆に優しいのに不幸な結婚生活を送っている」「あの人は悪口を言いまくってるのにお金を持っている」など、他人を引き合いに出して幸福の条件を否定しようとする人がいます。ですが、この発想を持ち続けている限り願望実現は不可能です。

もちろん自分の考えを整理するために他人のケースを含め検証したいという気持ちはよくわかります。私も願望実現法の研究に当たっては、他人のケースを数えきれないくらい検証してきました。

ですが検証作業にはどうしても「疑いの気持ち」が付き物です。

私は幸運にも最終的に一つの結論に到達して疑いの気持ちがきれいさっぱり消えたからよかったものの、一歩間違えていたら幸福な生き方に対して一生確信を持てないまま過ごすことになっていたかもしれません。

だからこそ、**本気で願望実現したいのであれば、「あの人は〇〇なのになぜ」と検証するのは絶対にやめてください。**なぜなら**他人のことを100%理解するなんて不可能だからです。**一見不幸に見える結婚生活でも本人はこの上もなく幸せに思っているかもしれませんし、お金はたくさん持っているけど私生活は散々なものだったなんてことも十分にあり得るわけです。ネット上に書き込まれた情報も同様です。

願望実現に対する最大の障壁は「疑いの気持ち」なのです。**幸福な未来を引き寄せたいのであれば徹底して自分に焦点を当ててください。**他人はコントロールできませんが、自分はコントロールが可能だからです。それはすなわち**未来は自分次第で自由自在にコントロールできる**ということなのです。これが肉の中でも特に重要な肉となります。

他責思考をやめ、自分で検証する癖付けを

これも先ほどの肉に関連する重要な肉なのですが、困難な状況に相対した時、「どうすればうまくいくか」ではなく、「誰を責めれば良いか」とすぐ他人に目を向けてしまう人がいます。

特に他責思考が極端に強い場合には、「自分で考えて行動する」ということ自体が「自分が責任を負わなければいけない」というプレッシャーに繋がっていたりもしますから、失敗した時に「あの人が助けてくれなかったから」「あの人の言う通りやったのに」という逃げ道を無意識に作るような思考回路が完成してしまっている人も少なくありません。

ですがこの他責思考は、**少なくとも願望実現においてはとんでもなく大きな障壁となります**。なぜなら先ほどもお話ししたとおり、願望実現のためには徹底して自分自身に焦点を当てる必要があるからです。

例えば結婚願望のある人が友人から異性を紹介してもらったとして、初デートで大喧嘩になったとしましょう。ここで「とんでもない人を紹介された」とすぐ人のせいにしてしまうのが、他責思考が強い人の特徴です。

この場合「なぜ喧嘩になったか」を冷静に考えることができれば事態の好転が望めたとしても、被害者意識のまま「なんであんな酷い人を紹介したの!?」と友人に怒りをぶつけてしまえば、今後ほかの人を紹介してもらえるチャンスも失います。

つまり、**他責思考とは自分で自分の未来を閉じてしまう考え方**なのです。

願望実現法も同様です。「なぜかうまくいかない」という状況に対して、自分に焦点を当てていれば「じゃあ次はここを改善しよう」と次のステップへ進めます。ですが「周りの人がネガティブ思考だからうまくいかなかったんだ」「言われた通りにやったのに効果なかった。責任取ってよ」と他責思考を発動してしまえばそこで終わってしまいます。

他人にばかり焦点を当てていると現状を好転させることはできません。「自分はどうすべきか」「自分はどうありたいか」に焦点を当てて初めて、ベルトコンベアは理想の未来を運んできてくれるのです。

とはいえ、この世界ですべてを自分一人で成し遂げるということは不可能です。他人がいるからこそ、私たちは幸せな人生を送ることができているのもまた事実です。

ではどうするか。それは、必ず**「自分で検証する」**というワンクッションを挟む癖を付けるということです。そしてその上で、**施しを受けた場合には必ず感謝の言葉を伝える**、という心掛けでいることです。

この心構えで生活していると、他人に求めずとも必ず適切なタイミングで誰かのサポートを引き寄せられるようになっていきます。

なぜなら「人のせいにしたいけど、まずは自分で考えてみよう」と決意した瞬間、ギャップの法則が発動し、また普段から感謝を多く伝えていれば「感謝したくなる現実」つまり「他者からのサポート」がベルトコンベアに乗って返ってくるからです。

もちろん他責思考は誰でも持っているものですから、自己責任論のように「全部あなたのせいです」なんてことを言いたいわけではありません。仕事でわからないことがあってもまずは自己判断でやってみろとか、風邪を引いても医者に頼るなとか、そういう極論でもありません。

「自分自身に焦点を当てる」「人のせいにしない」という至極当たり前のことを言っているだけなのです。

出し惜しみしなければ、ポジティブな現実がやってくる

最後の肉は「出し惜しみをしない」ということです。

例えばあなたが入社1年目から10年間コツコツ書き溜めてきた仕事上のマニュアルがあったとして、これを何の躊躇もなく入社1年目の後輩に渡すことはできるでしょうか。

もちろん「最初に回答を与えてしまうと本人が受け身の姿勢になって困ることになるだろうから、今は渡さない方がよい」という明確な判断基準があって渡さないのであれば、それはまったく問題ありません。またそういう理性的な判断ができる人は、おそらくあるタイミングで「こいつも成長してきたからさらに業務効率化して高みを

目指してほしい」という思いですんなりマニュアルを渡す判断もできるかと思います。そしてこのクレバーな選択は、職場全体にもよい影響を与えますから、自身を取り巻く環境がさらに快適なものになっていくという好循環を生み出せるわけですね。

一方で「自分がこんなに苦労して作り上げてきたマニュアルを、入社1年目の奴に渡すなんて嫌だ」という判断基準で「渡さない」という行動を選ぶのであれば、それは双方にとってよい結果をもたらしません。

なぜなら**判断基準が全体論ではなく個人的な感情に委ねられているから**です。こういった思考で物事を判断していると、後輩が本当にマニュアルが必要で悩んでいる場合にも出し惜しみをしたりして、職場全体のムードや業績に悪影響を与える可能性が高くなります。

とはいえ、マニュアルを渡してしまったが故に後輩が怠けてしまう、というリスクも考えられるわけですから、「渡すべきか否か」という判断が難しい時もあるでしょう。

そこで私が提案するのが**「明確なデメリットを感じないならとりあえず出し惜しみしない」**というスタンスです。要するに自分の持っている知識や技術、労力、優しさなどを他人に提供する際「自分がこんなに頑張って身に付けたのに、それをすんなり与えるのは癪だ」「こんなに嫌な奴に優しくする価値などない」などという**「感情部分」を排除して、理性的に意思決定をする**ということです。

もちろん、自分をすり減らしてまで他人に与え続けなさいという意味ではありませんし、与えることで明確なデメリットがある場合（例えば「相手の成長を妨げる」「アイデアを流用されて自分のビジネスが打撃を受ける」「情報漏洩に繋がる可能性がある」など）には与えるべきではありません。

ですが、同じ職場内の仲間にマニュアルを共有してあげるとか、重いものを運ぶのを手伝ってあげるとか、**感情部分を排除して冷静に見渡せば、1円も使わずノーリスクで与えられるものは山ほど見つかる**はずです。

これ以外にも例えば、「相手は当たり前のことをやっただけだから褒めない」「なんとなく自分よりあの人の方が楽な仕事をしているように見えて不快だから、自分も真面目に仕事しない」など、自分のエゴや不快感から派生した「しない」「与えない」

の総量を減らす意識で生活すれば、**「人に与えるもの」の総量や「自分が人や社会に対して行う価値提供」の総量は自動的に増えていく**はずです。

では与えるものの総量が増えるとどうなるか。それは言うまでもなく、**ポジティブな現実として自分に返ってきます。**

ビジネスでも人間関係でも、結局**うまくいくか、いかないかを決定づけるのは与えたものの総量**なのです。つまり出し惜しみをしないということは、実は自分にとって一番メリットがある行為なんですね。

しかし「他人に与える」という行為は、例えそれが1円も使わない行為であっても、また与えることで明確に職場や家庭に良い影響がある場合にも、自身の感情が邪魔をしてなかなか実行に移せないこともあります。

ここで思い出していただきたいのがやはりベルトコンベア理論となります。**人に与え、感謝されるような行為をベルトコンベアに投げ込めば、それは必ず「感謝したくなるような現実」として自身に返ってきます。**

そして**人から言われる「ありがとう」は、実は自分で言う「ありがとう」の何倍ものパワーがある**のです。もちろん、自分で「ありがとう」という言葉を唱えるだけでも「ありがとう」と言いたくなるような現象が返ってきますが、人から言われる「ありがとう」の背景には「人のことを考えて行動した」「人に感謝された」「人の笑顔を見ることができた」「自分の行いが正しかったと証明され、自己肯定感が高まった」など、**数えきれないポジティブ要素が隠れている**のです。

それらすべてを未来に投げるわけですから、当然そのポジティブは拡散され、連鎖反応を起こし、必然的に将来幸福のシャワーとなって自分の身に返ってきます。

「人に与えるのは自分に与えることと同義である」

ぜひこの意識を持って生活していただければと思います。**「明確なデメリットを感じないならとりあえず出し惜しみしない」**という心構えは、自身の中に眠るエゴや感情的なブロックを浄化し、必ず幸福な未来へとあなたを導いていってくれるはずです。

穏やかな表情を維持することが幸せへの近道

さて、骨子が完成し、肉付けも完了しました。本当はここで「考え方の土台は完成です！」としてもよいのですが、もう一つだけ、付け加えておきたい事項があります。それは**「表情」**です。

第2章以降は、ベルトコンベア理論を踏まえて具体的な願望実現法を皆様にお伝えしていくわけですが、そこへ進む前の心構えとして**「表情によってすべての要素がプラスにもマイナスにも転じる」**という事実を覚えておいていただきたいのです。

ここまで私は「言葉」「行動」「思考」に焦点を当てて願望実現に必要な考え方を解説してきましたが、これら3つはやはり少なからず外的要因に左右されてしまうものとなります。

例えば「言葉」は関わる人が多ければ多いほど、時にはネガティブな内容を伝えなければならないことも増えてきますし、「行動」もその時置かれた状況次第で変わってきます。「思考」も体調や対人関係に左右されるかもしれません。ネガティブなことを考えてしまったり、突発的に誰かを攻撃してしまうことだってあるでしょう。

それは人間として当然のことですし、そのこと自体に引け目を感じる必要は一切ありません。**大切なのは、その後それをどうやってポジティブに変換するか**ということです。

ですが一つだけ、外的要因に左右されず完全に自分の意志だけで即変えることができるものがあります。それは**「表情」**です。

「いやいや、外的要因に左右されずって言われても、例えば葬式の時に笑顔でいちゃいけないでしょ」と思われた方、それはその通りです。ですが、私が最も重要だと思うのは**笑顔を絶やさないことではなく、「穏やかな表情」を維持し続けるということ。つまり表情筋を緩め、柔らかな表情を意識する**ということです。

タンスの角に小指をぶつけたとかそういうアクシデントが発生した時は別ですが、おそらく**どんな状況下でも自分の心掛け次第で実践できるのが、表情筋を緩めること**だと私は思っています。眉間にしわが寄っていたり、怒りの表情を浮かべていたりしているると気づいた瞬間、ふっと表情筋の力を抜いてみるのです。

そして、穏やかな表情をキープできるようになったら、今度はできるだけ微笑みを絶やさぬよう努力してみてください。

いつでも笑っていろという話ではありません。一日のうちで、**笑顔でいる時間を意図的に増やす**のです。**笑顔を作ってはならない場面でも、表情筋を緩めて穏やかな表情をキープ**するよう努めてみてください。

眉間にしわを寄せた表情はネガティブな感情そのものです。その状態でい続ける限り、あなた自身のネガティブな心境を未来に投げてしまうだけでなく、それを見た周りの人たちのネガティブな視線も未来に投げてしまっています。

威厳を保つためとか、忙しさをアピールしたいとか、いろんな事情はあるかもしれませんが、それらはすべて自我、つまり心の汚れからきています。**その汚れこそがま**

さに自分や他人に対する、もしくは幸福な未来に対する「疑いの気持ち」そのものなのです。なぜなら眉間にしわを寄せている人に対してポジティブな感情を抱く人などいないということは、心の奥底で誰しもがわかっていることだからです。

では、なぜ眉間にしわを寄せてしまうかと言えば、自分や他人を信用していないからです。今優しい顔をしたらきっと周りは自分のことを馬鹿にするだろう、今穏やかな顔をしたらきっと周りは自分のことを暇人だと思うだろう。そういった周りに対する「疑いの気持ち」や自信のなさを映し出すのが眉間のしわなのです。

ファッション誌に載っているモデルの姿を思い

浮かべてみてください。表情筋は柔らかく、微かな微笑みを浮かべ、ゆったりと立つ。自信に満ちあふれ、誰も不快にさせない理想の姿。キリっとした凛々しい写真ですら、それはこわばった表情ではなく、少なくとも周りに不快感を与えるものではないはずです。

そんな姿を見せてくれる人間のことを、私たちは「モデル」と呼んでいるのではないでしょうか。本当はわかっているのです。自分がモデルとすべき人間の表情や立ち振る舞いを。ではなぜそうしないかと言えば、自我が邪魔をしているからです。

パソコンとにらめっこしながら眉間にしわを寄せ貧乏ゆすりをしている上司の姿がビジネススーツのカタログに載るでしょうか。あり得ません。見る人に不快感を与えるからです。

ならば、写真ではなく、**生身の人間である私たちも、周りに不快感を与える表情を控えるべき**なのではないでしょうか。

もしこの考え方に少しでもご賛同いただけるのであれば、今この瞬間から表情筋を緩めてみてください。そしてできることなら微笑みを浮かべてみてください。

上手にできなくても大丈夫です。３週間継続できればその表情がデフォルトになって、自然と柔らかく自信に満ちあふれた表情が手に入るはずです。そしてそれこそが、願望を引き寄せ幸福な人生を送る人間の表情そのものなのです。

きっとあなたが願望を実現した時も、同じ表情をしているはずです。つまり、**穏やかな表情を維持し続けるというのは、「願望を実現した自分」というポジティブな既成事実をベルトコンベアに投げ込み続ける行為**でもあるのです。

第１章のまとめ

ここまでのお話が願望実現をするための「考え方の土台」となりますが、仮にここで読むのをやめたとしても、幸福な人生を送るための基礎はご理解いただけていると思います。またこの「考え方の土台」を踏まえて数多のスピリチュアルメソッドを眺めてみると本当にその通りだと思えるはずですから、さまざまな発信者の情報をどんどん取り入れ、ご自身ならではの願望実現法を編み出していただくのも面白いかもしれません。

ですが、人間は忘れる生き物です。そして忘れてしまうことへの不安もまた願望を引き寄せる際の障壁となり得ますので、ここで今までお話ししてきた内容をまとめておきます。もちろん第1章を最初から読み返していただくに越したことはありませんが、ここを読むだけでも十分要点は理解できますので、あとから読み返す際のツールとしてご活用ください。

そしてこれを踏まえ、第2章以降ではいよいよ願望を実現させるための知識とコツを解説していきます。

❶「テクニック」は「考え方の土台」の上に成り立つ

・アファメーションや夢ノートなど、各種スピリチュアルの「テクニック」の効果は「考え方の土台」次第で決まる

・「考え方の土台」を身につければ、誰でも願望実現体質になれる

❷幸福になる方法に確信を持つ

・確実に不幸になると思える方法は複数挙げられるのに対し、確実に幸福になる方法は不明瞭である

・これは、幸福になる方法に対して「疑いの気持ち」が付着しているから

・願望実現のためには、「疑いの気持ち」を消し去り、「ポジティブを積み重ねれば必ずポジティブな未来がやってくる」と確信することが重要

❸ベルトコンベア理論

・「未来は自分で努力して進んでつかみ取る」のではなく、「向こうから勝手にやってくる」というイメージを持つ

・未来は、今の自分が投げたものがベルトコンベアに乗って時間差で返ってくるとい

う ルールの下に成り立っている
・未来に投げるものは、「言葉」と「行動」と「思考」

❹未来に投げるもの

未来に投げるべきではない不適切なもの（ネガティブ）

不平不満　愚痴　悪口　文句　泣き言

未来に投げるべき適切なもの（ポジティブ）

愛情（愛してます）　幸運（ついてる）　喜び（嬉しい、楽しい）

感謝（感謝します、ありがとう）　幸福（幸せ）　許容（許します）

安心（なんとかなる）

❺与えたものは別の形で返ってくる

・未来に投げたものは、基本的に別の形で返ってくる
・形は違えどネガティブを投げればネガティブな現象が、ポジティブを投げればポジティブな現象が返ってくる

❻打ち消し合いの法則とギャップの法則

・過去にどんな過ちを犯していたとしても、「ポジティブを投げ込み続けよう」と決意した瞬間から人生の好転が始まる
・過去に投げたネガティブは、その後に投げ込むポジティブによっていくらでも打ち消すことができる【打ち消し合いの法則】
・降りかかるネガティブな現象が大きいほど、ネガティブとポジティブのギャップで未来に大きなポジティブエネルギーを投げることができる【ギャップの法則】
・「めんどくさい」という気持ちに打ち勝って行動することもギャップの法則を発動させる

❼自分に焦点を当てる

・他人のケースを検証するのは絶対にやめ、自分に焦点を当てる
・他人のことを考えれば考えるほど「疑いの気持ち」が蓄積し、願望実現から遠ざかってしまう
・他人はコントロールできないが、自分はコントロールが可能。すなわち、未来は自

分次第で自由自在にコントロールできる

❽他責思考の排除

・人のせいにするのをやめる

・「うまくいかない」という状況に対して、まずは自分で検証するワンクッションを挟んだ上で改善や相談をする

・施しを受けた場合には必ず感謝の言葉を伝える

・困難な状況でも自分自身による検証を挟むことで、「自分にはできない」という気持ちが「やってみよう」に変換され、ギャップの法則が発動。さらに日頃から感謝を周囲に伝えていれば、「感謝したくなるような現実」や「他人からのサポート」がベルトコンベアに乗って戻ってくる

❾出し惜しみをしない

・「明確なデメリットがないなら出し惜しみしない」というスタンスを持つ

・誰かに与えるものの総量が増えれば増えるほど、それはポジティブな現実として自分に返ってくる

・人に与えるのは自分に与えることと同義である

⑩「穏やかな表情」をキープする

・表情によってすべての要素がマイナスにもプラスにも転じる
・「穏やかな表情」をしていれば「穏やかな表情をしたくなるような未来」が必ずやってくる
・穏やかな表情を維持し続けるのは、「願望を実現した自分」というポジティブな既成事実をベルトコンベアに投げ込む行為でもある

第2章

願望を実現させるためのコツと知識

「結婚できますように」と願うと結婚は遠のく

いよいよここからは、「願望実現」するための知識やコツを解説していきます。

いきなり「紙に願望を書いて毎日それを10回読み上げてください」といったような具体的な方法を提示してもよいのですが、本書の目的は世にあふれるどんな願望実現法（例えば「夢ノート」や「潜在意識の書き換え」など）を実践したとしても必ず効果が出るような思考法を、徹底的にインプットしていただくことにあります。

具体的な願望の投げ方は第3章で説明するとして、この第2章では**「どんな願望実現法を実践しても効果が出る前提知識」**を解説していきます。

第1章で作り上げた「考え方の土台」の上に、この第2章の知識を積み上げていくイメージですね。こうすることで、ありとあらゆる願望実現メソッドを「必ず叶う」という確信を持って実践できるかと思いますので、それも読了後の楽しみとして、また本書を読破するメリットとして覚えておいてください。

さて、本題に入ります。願望実現と聞くと、大金持ちになるとか出世するとか、何か大きな目標を達成することであると考える方が多いと思いますが、願望実現はなにも大きな願いに限った話ではありません。例えば、職場の上司に褒められたいとか、今日の夕飯を美味しく作りたいとか、ささやかに見える願いを叶えることも立派な願望実現です。

むしろ、こういった日々の小さな願望を実現していくことがポジティブなエネルギーを未来に投げ込むことに繋がり、結果的に大きな幸運を引き寄せるのです。

また、自分の「夢」がいったい何なのかわからないという方もいらっしゃるかと思いますが、「幸福な人生を送りたい」という願望は万人に共通していると私は信じています。ですから、ここからお話しする願望実現メソッドは、**何らかの大きな夢を叶えるのはもちろんのこと、そうではなくとも幸福な人生を実現する方法論**だと思っていただけましたら幸いです。

ただ、方法論と言っても基本的な考え方はこれまでと同様です。目の前のベルトコンベアにポジティブを投げるとポジティブな現象が返ってくるように、願望を投げれば願望実現が返ってくるイメージですね。

ではそれらを踏まえて、まずは願望実現に於ける基礎の基礎と言えるような考え方をお伝えしますが、いかなる願望実現法を実践するにしても絶対にやってはならないことがあります。

それは、**「○○になれますように」と願うこと**です。

例えば結婚したいという願望を叶えるためには、「もう既に自分は結婚している」という思考を既成事実として未来に投げる必要があります。

「こうなれますように」とお願いしても実現しないようにできているのです。

神社やパワースポットで「素敵な相手に巡り会えますように」とか、「お金持ちになれますように」とお願いした経験はありませんか？　そして、**その願いは恐らくほとんどのケースで叶っていない。もしくは叶ったとしても、お願いしたことを忘れた頃に、予期せぬタイミングで叶っている**のではないでしょうか。そのほかにも思い出してみていただきたいのですが、今までに叶った願いの中で、「こうなりますように」という強い執着を持ち続けた状態で叶った願いは果たしていくつあるでしょうか。おそらくほとんどないと思います。

反対に、執着がなくなった頃に気づいたら叶っていた、という経験は案外多いと思います。これは、執着がある状態よりも執着を捨ててからの時間の方が長いから必然的にそう感じる、ということではなく、原理原則として願望は**「願えば願うほど叶わないようにできている」**からです。

余談ですが、神社ではお願い事をするのではなく、日頃の感謝を伝えるのが正解です。「いつもありがとうございます」「私は毎日幸せに生活しています」などと伝え、守護霊様と繋がる場所が神社である、というのが私の認識です。

話を元に戻しますが、「結婚できますように」と常日頃から願い続けていると、願望実現は遠のいていきます。なぜなら、**願いを叶えるためには「もう既にその状態になっている」ということを既成事実として未来に投げる必要がある**からです。

これはベルトコンベア理論を基に考えるとわかります。

例えば、既に結婚している人は日常生活で「結婚したい」なんて思いながら生活していませんよね。つまり、「結婚したい」と強く願っている状態は「まだ結婚できていない状態」そのものなのです。

だからこそ、「結婚したい」と願えば願うほど、「結婚したいと願っている状態」つまり「結婚できていない状態」のエネルギーをベルトコンベアに投げ込んでしまい、結婚できていない現実が返ってきてしまうのです。

「願いは忘れた頃に叶う」と言われるのはまさにその通りで、**「こうなりたいな」「こうしたいな」という願望が芽生えたら、あとは願い続けるより、むしろいったん忘れてしまう方が実は効果的**なのです。

とはいえ、完全に願望を手放してしまえば、本当に願望が未来に投げられているかどうか逆に不安になってしまうかもしれません。

その解決策ついては後ほどお伝えしますが、いずれにせよどんな願望実現法を実践する際にも、必ず**「もう既にその状態になっている」**前提で願いを書いたり唱えたりしていただければと思います。

具体的には**「私は幸せな結婚をすることができました」「私は十分なお金を手にしています」**といった具合で、過去形もしくは現在進行形で投げ込む、ということになるのです。

「イベント」をクリアすることで願望実現に近づく

次は願望を投げたあとの心構えをお伝えしていきます。

私は願望を投げる方法より、**むしろ投げたあとどう過ごすかの方が重要**だと思っています。最初に一番重要なことをお伝えしておきます。

それは、**未来に願望を投げ込むと、「イベント」となって返ってくる**ことがあるということです。願望を未来に投げたらそれがそのまま実現することもありますが、ほとんどの場合、「願いを叶えるために必要なイベント」として返ってくるのです。

また、「イベント」の大きさは投げ込んだ願望の大きさによって変わってきます。

そして、その**「イベント」を一つ一つポジティブな方法でクリアしていくと、やがて願望が実現する**のです。

例えばあなたに結婚願望が芽生え、その願いを未来に投げたとしましょう。するとある日、別の部署から苦手なタイプの人が異動してきて、その人から毎日ネチネチ嫌味を言われるようになってしまいました。

これは本当につらい経験でしたが、あなたはそれを陰口や悪口で返すことなく、愛を持って笑顔で対処していました。その姿を偶然見ていた上司があなたを評価し、とあるプロジェクトを任せてくれることになりました。プロジェクトは本当に困難なもので、正直自分にできるかどうか不安でしたが、それでもあなたは愚痴や不平不満を言わずに明るく取り組むことにしました。

それから一週間ほど経った頃、同じプロジェクトを担当していたとあるメンバーから急に声をかけられました。話を聞くと、この人はあなたの前向きな姿勢に感銘を受け、今度ゆっくり食事をしながらいろんな話を聞きたいそうです。あなたはそれを快くOKし、二人で食事に出かけます。

この食事会で二人は意気投合し、結果的に交際が始まりました。あなたにネチネチ嫌味を言うあの人は変わらず同じ職場にいましたが、それさえも気にならないほどの幸福な交際を経て、最終的に幸せな結婚をすることができました。

この例は、少し極端な例だと思われたかもしれませんが、未来に投げた願望が「イベント」として返ってくるということを端的に表すとこんな感じです。

結婚願望を未来に投げる スタート
↓
苦手な人が異動してきて嫌味を言われる イベント
↓
愛をもって笑顔で対処する クリア
↓
難しいプロジェクトを任される イベント
↓
不平不満を言わず明るく乗り越える クリア
↓
幸せな結婚 願望実現

この場合、まさか苦手な人が異動してきたことが結婚に繋がっていたなんて本人は気づくことができませんよね。でも実際は幸せな結婚という形で返ってきているのです。

つまり**願望を未来へ投げたあとに起こる「イベント」は、願望実現のために必要なプロセス**なのです。でも仮に苦手な人からの嫌味を陰口や悪口で返していたら、まったく別のネガティブなルートに突入していたかもしれません。

要するに、**なぜかうまくいく人やなぜかツイてる人は、何が起きても未来へポジティブを投げ続けている人**なのです。

幸福の度合いや願望実現の速度は投げ込んだポジティブの量で決まります。また、普段からポジティブを投げ続けている人は、そのぶんベルトコンベア上のネガティブも打ち消しているので、必然的に「イベント」の難易度が下がったり、楽しい「イベント」として返ってきたりすることもあります。時には、願望実現のために必要なヒントやアイデアとなって返ってくることもあるので、願望を未来に投げたあとはそれらの「イベント」を見逃さぬよう、**アンテナを張っておくことも大切**です。

よく「願望実現のためにはワクワク感を維持しろ」と言われますが、**「願望実現のために必要なイベントが起こる」**ということを理解していれば、どんなことが起きてもワクワク感を維持しやすくなります。

ゲームのボス戦を想像してください。ゲームをやっていて、せっかくボス戦まで辿り着いたのに「怖いからやっぱりもうやめよう」とはなりませんよね。なぜならボスを倒した先には未知の、しかも自分を楽しませる次の「イベント」があると知っているから。ゲームの製作者がこの先にもっと素敵な何かを用意してくれていると確信しているからです。

ですが、これが人生となると、「これをクリアしても何も変わらないんじゃないか」「もっと悪いことが起こるんじゃないか」という疑念が生まれてしまいます。未来に確信が持てないからです。

でも大丈夫。**本書の考え方を基にポジティブな方法で「イベント」をクリアしてい**

けば、必ずその先にはポジティブな未来が待っています。そう思ってぜひ、「次はどんなイベントが起こるんだろう」とワクワクしながら生活してみてください。そのワクワク感もポジティブな感情として未来へ投げられますから、結果的にワクワクするような未来を引き寄せることにも繋がります。

ここで第1章の内容も踏まえ一度話を整理しておきます。

「自分が未来に向かって進んでいる」イメージを持ち続けていると、未来は未知のものとして捉えられ、起こる「イベント」に対する不安が発生しやすくなります。一方で**「未来は今の自分が投げたものが返ってくる」イメージでいると、とにかくポジティブなものを投げ続ければ未来は必ずよくなるという確信が生まれます。**

また、起こる「イベント」に対してポジティブに対処できるだけではなく、**次は何が起こるんだろうとワクワクしながら生活することができます。**

そしてそのワクワク感がさらなるポジティブエネルギーとなって、ワクワクするような未来を引き寄せてくれます。これもベルトコンベア理論を意識しながら生活するメリットの一つであるということもぜひ覚えておいてください。

願望は「ドカーン」ではなく「じわっ」と叶う

先ほどの結婚の例からもわかる通り、結婚願望を投げたからといっていきなり理想の相手が目の前に現れて即結婚、なんてことは極めて稀なことです。というか、「即叶うなんてほとんどない」というスタンスを取っていた方が、結果的に早く願望を実現することができます。

なぜなら「いつ叶うだろう」「もうすぐかな」「まだかな、まだかな」という気持ちはそれ自体が焦りを生む上、それは未来に「まだ叶わずに焦っている状態」を投げ込むことに繋がるからです。

「既に叶っている状態」を未来に投げ込めば「叶った状態」がやってくるのに、**「まだ叶っていない状態」を投げ続けても「叶っていない状態」しか返ってこない**、ということになりますね。焦りとはまさに「叶っていない状態そのもの」なのです。

だからこそ、**願望は「ドカーン」ではなく「じわっ」と叶う**と思って、ある意味、執着を手放して気長に構える方が結果的に近道なのです。

それともう一つ。

意外と見落としてしまいがちなのですが、**「願望実現までのルートは行動選択の繰り返しである」**という事実はハッキリと意識しなければなりません。次はこれについて深掘りしていきましょう。

ポジティブな言葉を使うほど行動選択は最適化する

例えば〝ラッキー食堂〟という定食屋さんがあったとして、そこに辿り着くまでの道筋を想像してください。

「この道をまっすぐ進んで、次の信号で左に曲がって、そのあとの交差点で斜め右方向に進んで……」といった具合に、何度も行動選択を行う必要があるかと思います。そして、各分岐点における行動選択が適正に行われなければ、うっかり違う店の〝デス食堂〟に辿り着いてしまうかもしれません。

おわかりいただけましたでしょうか。ラッキー食堂に辿り着くために複数の行動選択が発生しているように、**願望実現**（**目的地**）**へ辿り着くためにも行動の選択を誤らないことが重要**となるのです。ただ一つ厄介なのは、願望実現の場合はラッキー食堂と違って道筋が可視化されていないということです。

「次に起こるイベントはこう対処して、この人にはこんな言葉を投げかけて、この会社に転職したあとにSNSのアカウントを作って……」などといった実現までの最短ルートは誰も教えてくれないのです。では、解答がないかと言えばそんなことはありません。**願望実現まで行動選択を誤らず進んでいける方法も存在します。**

まず大前提として、**適切な方法で願望を未来に投げれば、どんなルートを辿っても最終的に目的地まで到達することは可能**です。つまり、各分岐点においてどのような行動選択をしたとしても、目的地さえブレなければ必ずいつかは願望実現まで辿り着けるということです。

ただ一つ違いがあるとすれば、それは**「難易度」**です。例えばラッキー食堂に辿り着く場合にも、目的地さえ決まっていれば、本来どのようなルートでも辿り着くことは可能なはずですよね。最短ルートを選んでもちょっと遠回りになるルートを選んでも、あるいは道に迷ったとしても、時間と労力はかかりますが最終的に辿り着けます。

とはいえ、あえて遠回りをして山を越え、断崖絶壁を乗り越え、川を渡り、地下通路を掘ってようやく到着というルートを選択したとしたら、おそらく断崖絶壁のあたりで挫折してしまうでしょう。つまり、どのようなルートでも願望実現まで辿り着けるとしても、**ルート自体の難易度が高ければ途中で断念してしまう可能性が極めて高い**ということです。

ではその難易度は、何によって決定されているのでしょうか。

それは**「願望」とセットで投げられる「ポジティブ」もしくは「ネガティブ」な日々の「言葉」「行動」「思考」**です。ここで再び「考え方の土台」が出てくるわけです。

例えば毎日「結婚できました」といった願望をノートに書き続け、ベルトコンベアに山ほど「結婚できた自分」という既成事実を投げ込み続けていたとしても、日常生活で愚痴や不平不満ばかりをまき散らしていれば、ベルトコンベアには「願望」と「ネガティブ」の両方が投げられることになります。

「ネガティブ」がベルトコンベアに乗っている場合、本来右に進めばポジティブで楽しいルートだったのに、うっかり左のネガティブで困難なルートを選択してしまったり、「ごめんね」と言えばよかったところを「このボケが」などと言ってより困難なデスルートへ突入してしまったりします。

要するに**日常生活でネガティブを発し続けていると、ろくな行動選択ができない**と言えるわけですね。ベルトコンベア理論から言えば「ネガティブを投げればネガティブが返ってくるのだから、当然選ぶルートもネガティブなルートになる。でも目的地（願望）も投げ続けているわけだから、そのネガティブなルートを辿っても一応いつかは辿り着ける」と言えるかもしれません。

「願望を未来に投げるとイベントとなって返ってくる」という話を思い出してください。この「イベント」の難易度が一気にハードモードになる、と考えてもわかりやすいですね。そして、**「イベント」の難易度が上がれば上がるほど途中で挫折する確率も上がるので、願望実現は困難になります**。

世の中に優れた願望実現法があふれているにもかかわらず、本当に叶う人とまったく叶わない人がいる理由はまさにこれです。

願望を投げたあとは「イベント」の難易度を下げるためにも、定期的に「考え方の土台」を思い出しながら**日常におけるネガティブな発言を減らし、ポジティブな言葉を増やす**ことを心掛けてください。

ポジティブを投げれば投げるほど、自然とポジティブで楽なルートに進めるような未来が返ってきてくれます。また、それは各「イベント」を必ず楽しいものにしてくれます。

そして、「イベント」が楽しければ楽しいほど「継続」が容易になり、気づいたらすべての願いが叶っていたという未来を必ず手に入れることができるはずです。

まとめると、次のようになります。

・願望を未来に投げたあとは、ネガティブを封印するよう心掛ける。
・ポジティブな言葉を使えば使うほど行動選択が最適化され、願望実現の難易度が下がっていく。
・特定の願望実現法ばかりに注力するのではなく、日常生活における発言や行動にも気を使う必要がある。

もちろんどんなにポジティブを投げ込んだとしても、「どっちに進めばいいのだろう」と悩む場面も訪れます。ですが、その際に「まぁ普段からポジティブを投げ続けてるんだからどっちを選んでもうまくいくさ」と思えるようになることも、日頃からポジティブを心掛けるメリットとして挙げられるかもしれません。

迷いに対して、ある意味開き直って直観的に行動してみる。

成功者の多くはこの「直観力」に長けていますし、これが自然にできる人は、日頃からポジティブを未来に投げ込み続けている人なのです。

このように、「考え方の土台を意識しながら生活する」ということは「願望実現までのルートを最適化する」ということにも繋がります。**ポジティブな言葉一つ一つが道を補正し、最短ルートを作り上げてくれる**イメージですね。

達人になればそもそも行動選択自体がほとんど発生しないような一直線のルートを作り上げることも可能かもしれません。

願望への執着を手放すのは難しい？

前の項で、「こうなれますように」と強い執着があると、「まだ叶っていない状態」の方が未来に投げられ、「叶っていない現実」が返ってくるというお話をしました。

これは簡単に言えば**「執着がない方が叶いやすい」**ということです。

またその理由は**「既に願望を実現した人は願望に対して執着などしていないから」**ということになります。だからこそ「既に叶っている」という既成事実を投げるためには執着を手放す方法も知っておかなければならないということですね。

とはいえ「執着を手放す」と言われても、漠然としていますよね。

それに、仮に執着を手放し、完全に願望を忘れていたとして、10年後にふと「あれ？結局叶ってないじゃん！」となっていることへの恐怖も同時に湧き上がってくるものです。「執着を手放す」と言っても、それは非常に難易度が高いのです。

少し話は脱線しますが、「未来は勝手にやってくる」という言葉を目にして、ベルトコンベア理論を思いついた時の高揚感は今でも覚えています。

今までは「努力してコツコツ頑張って、その上でうまくいくかどうかは運次第。だからやっぱり願望実現って難しいよな」と考えていたのが、**「願望を投げれば自動的にルートが設定されるんだ！ってことは、願いは必ず叶うんだ！」**といった具合に、まるで世界の扉が開かれるような感覚を味わいました。

そして紆余曲折はあったものの、この考え方を基にあれこれ実践していったところ、本当にすべての願望が実現してしまったものですから、少なくとも私自身はこの法則、もしくは願望実現法の存在を信じて疑わなくなりましたし、現在も**自分の人生を思うがままコントロールできている事実**に心から感謝しているわけです。

とはいえ、ここに辿り着くまでには数えきれないほどの失敗パターンを経験してきたこともまた事実です。私は至るところで「1000回以上はセルフ人体実験をしてきた」と書いていますが、これはまさにその通りで、他人からは相当な変人に見えているであろうことは自覚しているのですが、その中で実感したのは**「これをやったらうまくいった」よりも「この場合にはうまくいかなかった」という方がはるかに価値がある**ということです。

なぜなら「うまくいかない」ケースの方が圧倒的に多く、また多ければ多いほど共通の法則性を見て取れるからです。

では、数々のセルフ人体実験の中で導き出した「この場合はうまくいかない」に共通する法則とは何か。それは**「願望と義務感が結び付いているとうまくいかない」**という法則です。

「願望実現するぞ！」ではなく「継続するぞ！」に置き換える

「夢ノート」にせよ「アファメーション」にせよ「ネガティブ封印」にせよ、どんな方法を実践する場合にも「ワクワク感」が「義務感」に変わる瞬間が必ず訪れます。

例えば「夢ノートを３ヵ月間、毎日書き続ければ必ず願いが叶う」という方法に出会ったとしましょう。最初に自分を動かしているのは「これを実践すれば願いが叶うんだ！」という「ワクワク感」です。

そしてこの「ワクワク感」は「夢ノートを書くこと自体が楽しい」という気持ちから生まれるものですから、「叶えたい」「まだ叶わないのか」といった執着とはかけ離れた世界で実践を促してくれる感情と言えます。

ですが、一週間が経過し、二週間が経過し、当初のモチベーションが薄れていくに連れ、「あ、なんか今日めんどくさいな」という日がほぼ確実に訪れます。そしてその際に発生するのが**「そこでやめる」か「継続するか」というルートの分岐**です。

「そこでやめる」ルートを進めばもちろんそこで終わってしまいますし、では「無理してでも継続する」ルートに進んだらどうでしょう。もちろん「3ヵ月毎日継続する」という目標には近付けますが、考えていただきたいのはその時の「思考」です。

「願望実現」に対して「願望実現のためにはこれをやらなきゃダメなんだ」という「義務感」で応えてはいないでしょうか。

これこそが願望実現への執着そのものなのです。しかもそれは義務感を伴った非常に強い執着。つまり**「3ヵ月間夢ノートを書き続けなきゃ叶わないから、頑張ってやらなくちゃ」という「義務感」が、願望実現への執着を強化してしまっている**のです。

その際に未来へ投げられるものは、当然「何とか叶えるために頑張ろう」「叶えるためにやらなきゃならないんだ」という気持ちですから、「願望実現に義務感で応えている自分」＝「まだ叶っていない自分」の方がベルトコンベアに乗って返ってきてしまうのです。**執着が強ければ強いほど叶わない理由はまさにこれ**です。

さて困りました。「夢ノート」をずっと楽しみながら続けられるならまだしも、途中で「めんどくさい」という気持ちが少しでも芽生えようものなら、「そこでやめる」にしても「継続する」にしても、どちらにしろ叶わない、という恐るべきルートが敷かれてしまうのです。

そこで私が提案するのが、**「執着のベクトルをずらす」**という方法です。

ベクトルを向ける先は**「継続」**です。つまり、何らかの願望実現法を実践し始めたら、その直後に**目標を「願望を実現する」から「この方法を淡々と継続する」に置き換える**のです。そうすれば、仮に途中で「めんどくさい」という気持ちや義務感が芽生えたとしても、それと紐づいているのは「継続」というただ一点のみ。**「願望実現」とは直接的に関係せず、結果的に願望実現への執着を手放したまま実践を続けることができます。**

両者の違いは微妙でわかりづらいのですが、経験上、この差を見極めることはその後の実現確率を大きく左右する極めて重要な事項です。簡単に言えば**「叶えよう」を**

「継続しよう」に置き換えるわけですね。

今回の例に当てはめると、

①「夢ノートを3ヵ月継続するぞ！」と決心する際の動機は「願望を実現しよう」でOK

②「夢ノート」を開始したら、その瞬間目標を「願望を実現する」ではなく「この方法を淡々と継続する」に置き換える

③「継続」自体を目標にしながら淡々とそのワークをこなす

④こうすることで、仮に義務感が発生したとしても、その義務感と紐づくものは「願望実現」ではなく「継続」となる。願望に対する執着を手放した状態で「夢ノート」を継続することができるため、結果的に叶いやすい

といった具合になります。

ちなみに「願望を実現しよう＝叶えよう」という気持ちを持ち続けるデメリットは、執着を強化してしまうことだけではありません。願望実現という目標に対する判断基準は「叶う」か「叶わない」かという二択です。したがって、「まだ叶わないのかな？」「この方法ほんとに効果あるのかな？」「なんか今日嫌なこと起きたんだけど逆効果なことをしてるんじゃないかな」とかいう**ネガティブな思考が発生しやすい**のです。

一方で、継続自体を目標にしていれば**「継続する」か「継続しないか」という判断基準**になるので、少なくとも「まだ叶わないのか」という焦りは抑制できます。

継続さえできていれば、それだけで目標達成です。その目標の上では「叶う」か「叶わないか」なんていうのは何の意味も持たないからです。

執着を捨てるというのは、**願望実現の過程の中で湧き上がる「疑いの気持ち」を抑制し、結果的に「継続」を容易にする**ということと同義なのかもしれません。

当たり前のことですが、どんなメソッドも「継続」できなければなかなか効果は得られないものです。そして、「叶うか、叶わないか」という疑問ではなく、**「継続」の中で気づく日々の小さな変化をありのまま眺め、感謝する。**それをささやかなモチベーションにしながら続けることが、継続のコツと言えるわけですね。

ちなみに今回は「夢ノート」を例に挙げましたが、もちろんこの話は第3章で紹介する願望実現法も含め、すべての方法論に当てはまります。「この方法で絶対願望実現するぞ！」という意気込みは本書を読んでいる時だけにして、読み終えたら目標を「淡々と継続するぞ」に置き換えることが重要ということです。

繰り返しになりますが、**目標は「願望実現するぞ！」ではなく「継続するぞ！」**ですからね。

現状と願望のギャップで発生する好転反応

「考え方の土台」を定着させる過程（ネガティブな言葉を控えてポジティブな言葉の総量を増やしていく過程や、何らかの願望実現法を淡々と継続する過程）ではおそらくさまざまなことが起きるかと思います。

それはよい変化だけでなく、時には自分にとって不都合なことも起きてくるでしょう。ここからはそういった「望まない現実」が訪れた時の心構えをお話していきます。

「願望を未来に投げるとなぜか嫌なことが起こったりする理由は、願望実現のために必要なイベントが返ってくるからである」というお話はこれまでしてきた通り。ここではそれを**「好転反応」**という観点からもう少し深掘りして見ていきます。

好転反応とは本来は東洋医学で用いられる考え方で、整体治療やマッサージなどを受けた後に一時的に症状が悪化することを指すのですが、ここで言う好転反応とは、何らかの新しい方法論（「アファメーション」や「夢ノート」などの願望実現法や自己改革法など）を実践した際に起きる不調や不運のことです。「膿だし」などとも呼ばれていますね。

基本的な考え方は一緒です。何らかのスピリチュアルメソッドを実践した際に、今まで蓄積したネガティブな要素が表面化したりホメオスタシス（生体の恒常性）が発動したりと、やはり自分にとって一時的に好ましくない状況が訪れます。これを好転反応と呼ぶことは、東洋医学分野におけるそれと共通点が多く見て取れるからです。

この言葉を知っているだけで、**目の前に起きる出来事が仮にネガティブな事象であったとしても「よりよい未来に繋がる通過儀礼なんだ」とポジティブに捉えることができるようになります**から、いずれにせよ好転反応の存在を信じることは自身の生活にとってメリットが多いと言えます。

科学的根拠は曖昧とする説もありますが、ポジティブなメソッドを実践した際には、事実としてなんらかの拒絶反応が起きることが極めて多いものです。では、スピリチュアルの観点から見た好転反応とはいったい何なのでしょうか。

一言で言うならそれは**「現状と願望のギャップ」**です。

例えば「願望を実現したい」「こうなりたい」という気持ちは「現状そうではない」からこそ湧き上がるものです。これは既に結婚している人が「結婚したい」と思わないのと一緒であることはこれまでにも説明してきましたね。

願望実現とはある意味「現状とは違う世界に自分を連れていく行為」ですから、当然その過程では「現状とのギャップ」も経験しなければならないわけです。そしてこのギャップこそが好転反応であると捉えれば、これからする話もすんなり理解できるのではないかと思います。

例えば、日頃から周囲に愚痴や不平不満をまき散らし、ネットに誹謗中傷コメントを平気で書き込み、誰に対しても攻撃的で人を傷つけることをなんとも思わないような人を想像してください。行動指針が１００％ネガティブに依存してますよね。

ではこの人が「私は皆に愛されています」といった願望を投げたとしたらどうでしょう。願望自体は未来に投げられますし、それはいずれベルトコンベアに乗って返ってくるような気もします。

ですがここで考えていただきたいのは**開始直後の「現状」と「願望」のギャップ**です。言うまでもなくこの人のベルトコンベアには現在山ほどネガティブが乗っかっているわけですが、「皆に愛される」という願望はそれとは正反対の性質を持つもの。つまり願望を投げ始めた初期の段階では「現状」と「願望」の間にとんでもなく大きなギャップが存在しているのです。

ただ「現状」はどうあれ願望自体は既に未来に投げられているので、ベルトコンベアは動き出します。なんとかしてこの人を「皆に愛される」という世界線に連れて行こうと努力を開始。この場合、「現状」を激的に変えなければ達成できないので、必然的に起きる「イベント」は恐ろしく困難なものになるかもしれません。もしくは行動選択の話から言えば、尋常でないほどネガティブなルートが一気にやってきて苦しむことになる、という事態に陥ってしまうのです。

「願望に向かって進む」と決意すれば当然「イベント」をクリアしていかなければなりません。現状とのギャップがあればあるほど極端な「イベント」をクリアしていかなければ、願望実現には辿り着けないのです。

ではどうするか。実はその方法は既にお伝えしています。第1章の**打ち消し合いの法則**を思い出してください。**ベルトコンベアがどんなにネガティブで満たされていたとしても、あとから投げ込むポジティブでそれらは打ち消すことができる**のでした。

つまり、**事前に「考え方の土台」を作り上げ、ポジティブを投げ込み、打ち消し合いの法則でベルトコンベアを綺麗な状態に保ってから願望を投げ込めば、好転反応も最小限に抑えられる**のです。

私が「テクニック」より「考え方の土台」が重要であると断言できる理由もここにあります。先述した「〝ありがとう〟と1000回唱える」という方法も、願望を投げる前に行うワークとしては極めて効果的なのかもしれません。

ちなみに願望実現法を開始しても好転反応が出ない人というのは、もともと現状が願望実現後の自分に近い状態にあるか、もしくは日頃からポジティブを心掛けている人と言えます。つまり、比較的早期に願望が叶いやすいと考えられます。

とはいえ、人間誰しもネガティブな側面は必ずあるわけで、好転反応の強度がどの程度かなんてやってみなければわかりません。もし仮に絶大なギャップがあったら、とんでもない不幸に見舞われるんじゃないかという恐怖も同時に湧き上がってくるかと思います。また先ほどの打ち消し合いの法則も、ベルトコンベアが可視化できない以上、やはりどこか漠然としていて不安になってしまうかもしれません。

そこで私が提案するのが以下の2ステップです。

ステップ①　好転反応をポジティブに捉える
ステップ②　階段を設定する

次はこの順序に沿って解説していきます。

好転反応は筋肉痛と同じ

まずは**「ステップ①　好転反応をポジティブに捉える」**についてですが、真っ先に心にインプットしていただきたいのは**「好転反応は喜ぶべきものである」**という事実です。なぜならそれは**願望実現に確実に近付けている証拠だから**です。

人間が何らかの方法論を実践する際、継続できるか否かを左右する大きな要素は「変化を感じられるかどうか」です。例えば筋トレを始めたとして、日々何の変化も感じられなかったら、なかなかモチベーションを維持できませんよね。

一方で何らかの変化が感じられれば、それが筋肉痛というネガティブな要素であったとしても、「これは筋肉を追い込むことができた証拠だ」とポジティブに捉えられるはずです。そして、その先にある「筋肉痛を乗り越えれば筋肉が肥大する」という約束された未来もまた、ワクワク感を与えてくれます。筋肉痛というある意味ネガティブな状態が、そのまま継続のモチベーションに繋がってくれるというわけですね。

スピリチュアルにおける好転反応も筋肉痛と一緒です。考えてみてください。**好転反応が起きるということは、「ネガティブな要素」が少なからず自分の中にあるということ**です。そして好転反応は文字の通り「好転」に向かう過程で発生するもの。つまり筋肉痛と同様、**自分の中に少なからず存在する「ネガティブな要素」と戦い、そしてポジティブに塗り替える作業が進んでいる証拠**なのです。

ただ一つ問題があるとすれば、スピリチュアルの好転反応は筋肉痛と違って、はっきりと自覚できないことが多いということです。「なんかよくわからないけど最近ツイてない気がする」「気づいたらな

んか職場の人間関係が悪化してる気がする」など、じわじわくる場合には「これは好転反応だ！」と即座に気づけなかったりするものです。だからこそ、「好転反応が起きたらラッキー」という心構えで、日常に起きる出来事にぜひアンテナを張っておいていただきたいのです。

今まで「なんかよくわからないけどツイてない」「なんか今日調子悪い」とネガティブに捉えていたものを、**とりあえず全部まとめて「やった、好転反応発動だ！」とポジティブに捉え直してしまう**のです。こうして「一見ネガティブに見えることを強制的にポジティブに変換すると、そのギャップで莫大なポジティブエネルギーが未来へ投げられる」というギャップの法則も発動させることができます。

つまり、**起きるネガティブな出来事を全部「好転反応だ」とある意味開き直って全部ポジティブに変換できることも、逆説的にポジティブなワークを行うメリット**と言えるのです。

いずれにせよ、好転反応は喜ぶべきものだと捉えてください。また、起きるネガティブな事象を簡単にポジティブに変換でき、さらにギャップの法則まで発動できる便利道具であるという事実もしっかりと心に刻み付けてください。

好転反応の少ない、小さな願望から少しずつ実現

これまで「現状と願望のギャップが好転反応を引き起こす」というお話をしてきました。であれば、当然そのギャップが大きければ大きいほど好転反応も強烈なものになるはずです。つまり、**現状とかけ離れた願望は好転反応が起きやすいため、実現の難易度が高い**のです。

とはいえ、自分の願望がどれくらい現状とかけ離れているかなんて自分ではなかなかわからないものです。仮にとんでもない好転反応が起きてしまったらどうしようという不安も湧き上がってくるかと思います。もちろん「好転反応かかってこいやーー!」という感じでゲーム的に楽しめればベストですが、不運に見舞われるのは怖いですよね。そういう場合は、**「ステップ② 階段を設定する」**がおすすめです。

例えば、人間関係の構築が苦手な人は「誰からも愛されている自分」という願望をいきなりベルトコンベアに投げるのではなく、まずは「職場の人とよい人間関係を築いている自分」を投げる。このように、**願望のスケールを一段落とせばいい**のです。願望実現までの階段を作ることで、**小さな願望から少しずつ上っていけるようルートを設定する**イメージですね。

階段の段数を増やせば増やすほど好転反応が微々たるものになっていきます。要するに**「好転反応が怖かったら小さな願望から順番に実現していく。すると、それぞれのステップの好転反応も起きにくいから楽に願望実現まで辿り着けるよ」**ということなのです。

この「階段を設定する」という話は、「素敵な人と出会いました」↓「その人と仲良くなれました」↓「デートの約束ができました」↓「付き合うことができました」↓「プロポーズされました」↓「結

婚できました」といったステップを積み重ねるのと同じです。全プロセスを飛び越えていきなり結婚、というのは現実問題として少し無理がありますよね。

願望実現は「すぐ叶えよう」ではなく「コツコツ叶えよう」というスタンスの方が「好転反応」も起きにくく、長期目線で捉える方が逆に近道なのです。

ですから「願望実現法を開始したらなんかいきなり悪いことが起きた！」という場合にも「あ、好転反応だな」とポジティブに捉え直すか、もしくは「もう一段低いステップからスタートしよう」といった具合に、うまく願望のスケールをコントロールしながら楽しく願望実現に向かっていただければと思います。

階段の10段目を眺めながら「絶対に届かない」という気持ちを蓄積させるのは悲しいことです。ですが、**どんなに高い場所も辿り着くためには必ず階段の1段目があるように、しっかりと足元を見定めてコツコツ進む心構えは本当に重要**です。

地に足を付けるというのは、10段目の存在を確信した上で、そこへ向かう一段一段を自覚的に踏みしめるということなのです。

「イベント」は予想せず、流れに身を任せること

「願望を投げるとイベントとなって返ってくる」ということは既にお話しした通りです。その一方で**「こんなイベントが返ってくるだろう」と予想してしまうと、願望実現は遠のきます。**

要するに「結婚できました」という願望を投げたら、「そこへどうやって辿り着くか」「その過程でどんなイベントが発生するか」などを自分であれこれ想像してはいけないということです。

あなたがすべきことは、**起きる「イベント」をポジティブにクリアすることだけ**なのです。「明日告白されるかも」「LINEがくるかも」といった直近で起こりそうな「イベント」を期待しながら過ごしてしまうと、それが実現しなかった際に落ち込んだ

り「もしかしたら何か間違えてるのかも」という「疑いの気持ち」が湧き上がってしまうからです。

願望実現法を実践する際には**「あとは日頃からポジティブを心掛けていれば勝手に導かれるさ」といった心構えで過ごすことが超重要**となります。実際、そういった心構えで生活していると、必然的によいことも悪いこともすべて「願望実現に辿り着くために必要不可欠なイベント」となってくれます。

その上で、もし告白されたりＬＩＮＥが来たりという**喜ばしい出来事が起こった時には、ただその事実に感謝する**といった姿勢で過ごしていただければと思います。

先ほど「継続」というお話をしましたが、どんな方法も三日坊主で終わってしまえば何の意味もありません。「継続」の過程で湧き上がる「この方法は正しいのか」「効果がないんじゃないか」という「疑いの気持ち」を消す意味でも、直近で起こりそうな「イベント」や「こういう形で叶うだろう」という期待は極力しないこと。全身全霊を懸けて自分の実践する方法を信じ、流れに身を任せるスタンスが重要なのです。

願望実現には期日を設けない

第2章の最後にお伝えしたいことは**「期日を設定する場合の注意点」**です。願望実現に期日を設定するとはいったいどういうことなのでしょうか。

いくつか例を挙げますと、

・今年中に結婚したい
・3年以内に億万長者になりたい
・今日の飲み会で○○さんとLINE交換したい
・明日○○さんからLINEが来てほしい
・明日のイベントが大成功してほしい

などの願望はまさに「期日を設定した願望」となります。

そして先に結論を言うと、これらの願望を期日通りに実現させるのは正直困難です。

ただ、解決策がないかと言えばそうではありません。

まずは「期日」を設定することが願望実現においてどのような意味合いを持つのか考えてみましょう。


先ほど願望を未来に投げ込みさえすれば、難易度は異なるものの一応どんなルートを辿っても願望実現に辿り着けるというお話をしました。ですがここで忘れてはならないのが、**私たちは「時間」というものに支配されている**という事実です。


例えば「ハワイに行きたい」という願望を考えてみましょう。

仮にお金も時間も十分にあるのであれば、それは即実現させることができる願望のようにも思えます。ではこれに「期限」を加えたとしたらどうでしょう。極端に言えば「今日本にいるけど5分後にハワイに到着したい」という願望が果たして叶うでしょうか。これは疑う余地もなくノーですよね。

これは潜在意識レベルで無理と確信している事柄なので、そもそもベルトコンベアに乗せることすら不可能です。「時間」とは、それほど強大な力を持つものなのです。

もう一つ例を挙げます。常日頃から周囲に愚痴や不平不満をまき散らし、ネットでは誹謗中傷コメントを平気で書き込み、人を傷つけることをなんとも思わず、徹底してネガティブ思考、といった人間がいたとします。そんな人が「明日からみんなに愛されるようになりたい」という願望を投げたとしたらどうでしょう。

これも難しそうですよね。当たり前ですが、人間関係の構築には時間がかかるものですから、じわじわ改善していくしかないわけです。

では、もしうっかり「こいつが即みんなに愛されるルートを設定しなきゃ！」とベルトコンベアがフル稼働してしまったらと仮定しましょう。

例えとしては適切ではないかも知れませんが、「いきなり大怪我をして皆に心配してもらえる」「いきなり仕事でとんでもないトラブルに見舞われ皆に同情される」といった極端なイベントを経て、「みんなに愛される」に近付けるようなルートが敷かれてしまうかもしれません。

つまり、期日を設定するということは、「いや、どう考えても無理だろ」という事実を確信してしまい、**そもそも願望自体が未来に投げられないか**、もしくはうっかりルートが設定されてしまうと現状を一気に変えなければならないため、**とんでもない不運に見舞われる可能性がある**のです。

やはり、**願望を設定する際にはできる限り「期日を設定しない」**ということを心掛けていただくのがよろしいかと思います。

もし仮に「月末のイベントを成功させたい」「来年の試験で合格したい」という「前提条件として期日が指定されている願望」を叶えたいのであれば、**「他人が関与しない願望の投げ方をする」という方法**も一応あります。

例えば「週末に開催される大会で1位になりたい」という願望は「ほかの人が自分よりも悪い成績を残さなければならない」という他人が関わる要素が存在するので、難易度が高くなります。

一方で「大会で心から満足のいく結果を残しました」といった願望は自分自身の満

足感だけに照準を合わせることができますから、結果的に「今現在の技量や能力を限界いっぱいまで引き出して、現状できる最高のパフォーマンスを発揮する」という、まさに「他人が関与しない願望」になるわけです。

就職面接なども一緒ですね。「面接で心から満足のいく受け答えができました」とすれば、今現在の自分にできる最高のパフォーマンスを発揮できるわけです。

ですがやはり、私自身は期日を設定することにリスクを感じております。

特に「結婚」や「お金」といった時間のかかる願望については「期日はできるだけ設定しない」ということを心掛けていただく方が、結果的に早期に叶いやすいかなと思っております。

❶過去形もしくは現在進行形で願望を投げる

・「こうなれますように」とお願いするほど願望実現は遠のいていく
・願いを叶えるためには「もう既にその状態になっている」という既成事実を「過去形」もしくは「現在進行形」で未来に投げる必要がある

❷願望は「イベント」として返ってくる

・未来に願望を投げ込むと「イベント」となって返ってくる
・その「イベント」をポジティブな方法でクリアしていくと、願望が実現する
・「願望実現のために必要なイベントが起こる」ということを理解していれば、どんなことが起きてもワクワク感を維持できる

❸願望は「ドカーン」ではなく「じわっ」と叶う

・願いを投げたら即叶うのは稀なこと
・「いつ叶うのだろう?」という気持ちはそれ自体が焦りとなり、未来に「まだ叶わず焦っている状態」を投げ込むことになってしまう
・願望は「じわっ」と叶うものだと思って執着を手放し、気長に構えておく

・それが結果的に早期実現を促す

❹執着を手放す

・願望は執着がないほうが叶いやすい
・願望実現に対して「義務感」で応えるのは危険。なぜなら義務感が願望実現への執着を強化してしまうから
・「願望実現しよう」ではなく「この方法を継続しよう」と考え、淡々と願望実現法を「継続」する
・「継続」の中で気づく日々の小さな変化をありのまま眺め、感謝する

❺願望実現の過程で起こる「好転反応」

・好転反応とは、新しい方法論を実践した際に起きる一時的な不調や不運のこと
・好転反応が起こったら、願望実現に近づいている証拠だとポジティブに捉えることが大切
・もし好転反応が怖かったら、階段を一段ずつ上るように小さな願望から順番に実現させていくルートを設定する

❻「イベント」を予想しない

・「こんなイベントが返ってくるだろう」と予想してしまうと、願望実現は遠のく
・起きるイベントは淡々とポジティブにクリアしていく

❼期日を設定しない

・期日を設定した願望は叶いにくい。なぜなら、物理的に無理だった場合、願望自体がベルトコンベアに投げられないから
・明らかに期日までに叶えられない願望だと、とんでもない不運に見舞われる可能性がある
・願望を設定する際にはできる限り、期日を設定しない方がよい
・「試験で合格したい」など「前提条件として期日が指定されている願望」を叶える場合は、「他人が関与しない願望の投げ方をする」ことを意識する

第3章

実際に願望を未来へ投げてみる

即行動に移せるのはシンプルなアクション

さて、ここまでで願望実現に必要な前提知識はすべて揃いました。

正直、**第1章と第2章の内容さえ理解していれば、いかなる願望実現法を実践しても必ず効果が出る**と思います。というか、願望を未来に投げるための基礎固めをお伝えするのが本書の目的なので、どんな方法で願いを投げるか、あなたに合った方法をいろいろと調べていただくのも面白いかもしれません。

とはいえ、方法を何も紹介しないのも忍びないので、第3章では、数多の願望実現法を実践してきた私の目から見て**「最も再現性が高く」「極めて継続が容易」**であると思われる方法を、一つだけご紹介いたします。

前提としてお伝えしておきますが、私の信念は**「なぜ」と「情報の関連性」を理解**

した上で「徹底的にシンプルなアクションプランを掲げる」というものです。

これは願望実現法だけでなく、あらゆる自己啓発に共通する部分でもあります。

例えば、

「セロトニンなどの神経伝達物質はストレスを軽減する」
「タンパク質はストレス解消に効果がある」
「運動はストレス解消に効果がある」

という断片的な3つの情報を与えられるより、

「セロトニンなどの神経伝達物質はストレスを軽減する」
「タンパク質はセロトニンなど神経伝達物質の原料となる」
「運動によって神経伝達物質がスムーズに分泌されるようになる」
「よって、タンパク質を摂取し運動することは、セロトニンの分泌を促しストレス解消になる」

という「なぜ」と「関連性」が明らかな情報を与えられた方が「タンパク質を摂って運動しよう！」というシンプルな結論が導き出せて、即行動に移せるような気がしませんか？

少なくとも私は、すべての情報の根底に存在する「なぜ」を理解し、体系的に学び、そして「一本の確かな道筋」へと昇華させたい。その上で、明確なアクションプランを掲げられることこそが理想だと思っているので、次にご紹介する願望実現の方法は本当にシンプルなものになっています。

願望を書き、よく目にする場所に置いておく

それではさっそく、願いを未来に投げる方法を説明します。

一番てっとり早いのは**「願望を書く」という方法**です。ノートでも紙でもスマホのメモ帳アプリでもどこでもかまいませんが、**必ず頻繁に目にする場所に書いておいてください。**

以上です。これだけであなたの願いはベルトコンベアに投げられるとともに、潜在意識に落とし込まれます。そして、日々の行動が最適化されることで自身の発するエネルギーが理想の未来と共鳴し、向こうから勝手に願望実現がやってきます。

まぁ私レベルのめんどくさがり屋になると「1回だけどこかに願望を書いておく」というタスクさえ「うわ、めんどくさ……」と思ってしまうのですが、やはり願望は可視化することで実現の確率がぐんと上がります。

なぜなら「目標をブレさせない」**「願望実現までの道筋を認識しやすくなる」**というメリットを享受できるからです。

例えば「懸垂を10回できるようになる」という目標を掲げた時、その目標に近付けたかどうかを測る指標は「懸垂を何回できるようになったか」ということです。この場合、「10回」という目標自体がモチベーション維持に役立ちます。「今日は3回だったからあと7回だ」「今日は5回できたから半分達成だ」「今日は8回できたからあと2回だ!」といった具合ですね。

同様に「結婚する」という願望を実現したい場合にも、目標を可視化しておけば、「自分に自信が持てるようになってきた」「異性に話しかけられる機会が増えてきた」「今日は素敵な出会いがあった」「今日デートに行けた」など、願望実現まで自分がどれだけ近付けたかを日々認識しやすくなります。このように進捗状況を把握しながら楽しく継続することができるのです。

一見この方法は執着を強化しているようにも思われるかもしれませんが、**「何かが起きること」を期待せず「何かが起きた時にだけ感謝する」という姿勢で過ごせば、それは執着には繋がりません**。むしろワクワク感を未来に投げ込み続けることができるので、願望実現は加速するはずです。

何の指標もなかったら本当に願望がベルトコンベアに乗ってくれたかどうかが不安になるかもしれませんが、「どこかに書いて頻繁に眺める」というのは、そういった「疑いの気持ち」を消す意味でも有効なのです。

さらに毎日目にするため、そのたびに**願望をベルトコンベアに投げ込み続けることができる**ということも忘れてはなりません。

こうすることで、より願望実現に直結するような「イベント」が返ってきてくれるようにもなります。あとはその「イベント」を淡々とポジティブにクリアしていけばよいだけなので、行動指針も明確になるはずです。

ただ、繰り返しになりますが、この際にも**「何かが起きることを期待しない」**ということはぜひ心掛けてください。くどいようですが**「何か起きたら感謝する」「何も起きなくても気にしない」**というスタンスこそが重要なのです。

ちなみに私はスマホのメモ帳アプリの、しかも見る頻度が高い「買い物リスト（夕飯の材料とか消耗品とか買い忘れがないように日々メモしてるページ）」の一番上に願望を書いていたことがあります。この理由は言うまでもなく、毎日自分の願望を無意識に眺めることができるからです。

そして、その願いは第2章でご説明した通り、必ず**「私はもう既にその状態になっている」前提**で書いてください。「結婚したい」と思っている場合、「結婚できますように」ではなく「私は幸せな結婚生活を送っています」と書くイメージです。

もちろん一冊ノートを買って、毎日3ページびっしり願望を書くといった方法もあります。確かにそれも大変効果的なのですが、「めんどくさい」という気持ちが生まれてしまうと願望実現から遠のく可能性があります。

基本的な考え方さえ身に付けていれば、どこか頻繁に目にする場所に1回書くだけで大丈夫ですから、あとは、そのためのイベントが起こるのを楽しみに待っていればOKです。

「面倒くさがらずコツコツ継続できる」という自信がある方は書けば書くほど効果がある場合もありますが、いずれにせよ第1章と第2章で学んだ「考え方の土台」さえブレなければ、どんな方法でも必ず効果が出ます。ぜひご自身に合った方法で実践していただければと思います。

「結果が出る＝願望が実現する」ではない

願望を未来へ投げる方法は以上となりますが、最後に注意点を一つだけお伝えしておきます。それは**「結果が出るまでやる」**ということです。

ですがこれは10年先でも20年先でも願望が実現するまで諦めるな、ということではありません。そんなことを言ってしまえば「10年頑張ったのに叶わなかった！　この10年間を返してくれ！」という事態に陥ることへの恐怖を生んでしまうかもしれません。

私が言いたいのは、そういった根性論ではなく、**「結果」そのものの認識を変えてください**、ということです。つまり**「結果が出る＝願望が実現する」という認識を一度破壊していただきたい**のです。

願望を書いて頻繁に眺めながら生活していると、必ず日常に小さな変化が表れてきます。例えば苦手だった人となぜか会話ができるようになってきたとか、目覚めた時の気分が少しだけ前向きになったとか。そういった**些細な変化に感謝し、ほんの少しだけでも願望実現に近付けているという事実を「認識」しながら生活してほしい**のです。**それらの小さな変化の積み重ねと感謝の気持ちこそが、ポジティブなエネルギーを未来へ投げ込むことに繋がり、最終的に大きな願望実現を引き寄せる**のです。

「願望実現」のみに焦点を当てて生活してしまえば、「叶うか」「叶わないか」という二択で成果を判断するような思考に変わっていってしまいます。ですが、仮に願望実現まではなかなか到達できなかったとしても、**実際目の前に起きていることは、あなたの願望実現にとって必要不可欠な「イベント」や幸運ばかり**なのです。それに目を向けずして、決して願望実現には辿り着けません。

「どうして叶わないんだ」「何をやっても叶わない」という気持ちが湧き上がったとしたら、それは日々の些細な変化への認識と感謝の気持ちが欠けている証拠です。

また、先ほどは「自分に自信が持てるようになってきた」「今日は素敵な出会いがあった」「今日デートに行けた」といった、比較的大きな「結果」を複数挙げましたが、**「日々**

「些細な変化」を感じられたなら、それも立派な「結果」なのです。そして、その変化が自分にとって望ましいものであれば、さらに次の「結果」を目指して進んでいけばよいのです。願望実現はこの繰り返しの上にのみ成り立つものなのです。

これらを踏まえて「結果が出るまでやる」ということを私の言葉で言い換えるなら、**「些細な日常の変化であっても、それを立派な結果だと認識し、そのこと自体に感謝しながら継続する」**ということとなります。

どうかこの認識だけは失わないでください。そして日々感謝し、愚痴や不平不満、悪口や文句を言わず淡々と進んでいくことができれば、いつの間にかベルトコンベアには山ほどポジティブが投げ込まれます。そして、それは本当に大きな幸運や願望実現となって、必ずあなたのもとへ返ってきてくれるはずです。

ちなみに本書の冒頭で「私自身が実際に願望を実現させた証拠も画像と共に載せる」と申し上げましたが、ここで私が以前スマホのメモ帳に書いた願望のスクショを載せておきますね。ほぼすべて実現しているので、是非願望を書く際の参考にしていただければと思います。

実際のメモのスクリーンショット

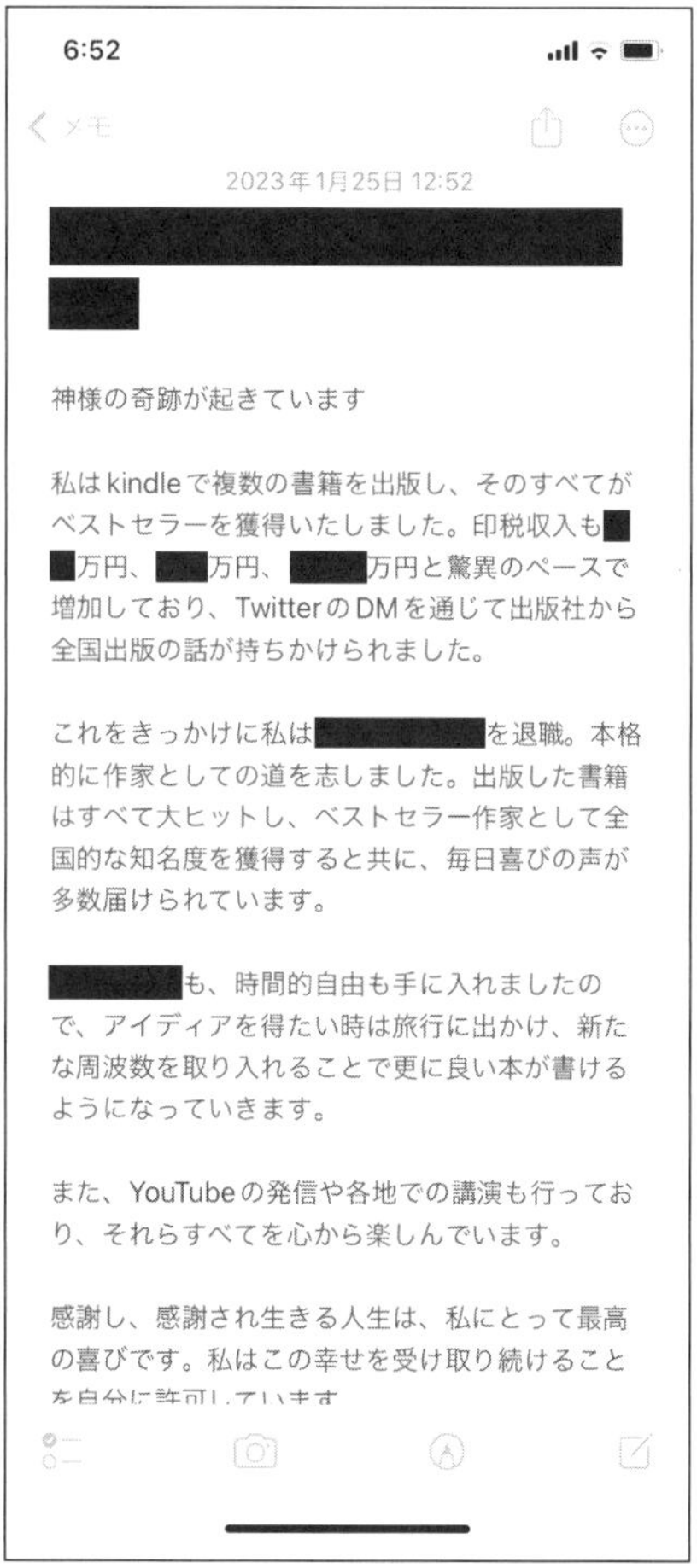
6:52
メモ
2023年1月25日 12:52
[redacted]

神様の奇跡が起きています

私はkindleで複数の書籍を出版し、そのすべてがベストセラーを獲得いたしました。印税収入も[redacted]万円、[redacted]万円、[redacted]万円と驚異のペースで増加しており、TwitterのDMを通じて出版社から全国出版の話が持ちかけられました。

これをきっかけに私は[redacted]を退職。本格的に作家としての道を志しました。出版した書籍はすべて大ヒットし、ベストセラー作家として全国的な知名度を獲得すると共に、毎日喜びの声が多数届けられています。

[redacted]も、時間的自由も手に入れましたので、アイディアを得たい時は旅行に出かけ、新たな周波数を取り入れることで更に良い本が書けるようになっていきます。

また、YouTubeの発信や各地での講演も行っており、それらすべてを心から楽しんでいます。

感謝し、感謝され生きる人生は、私にとって最高の喜びです。私はこの幸せを受け取り続けること

※個人情報に関わる部分は黒塗りしてあります。

画像の中にも日付が書いてありますが、これは2023年1月25日、まだ普通のサラリーマンとして働いていた私が書いた願望です（余談ですが私はこのメモをＬＩＮＥでも送信していました。心を許せる友人やご家族がいる場合には願望を互いに共有するのもおすすめです）。
この頃は商業出版どころか退職して独立すること自体、夢のまた夢でした。

ですがこれを書いた翌月以降、前年に個人出版したKindle書籍の人気が急上昇。その流れに乗って2024年3月に独立。そして本書を執筆している今現在、唯一「各地での講演」だけはまだ叶っていませんし、「全国的な知名度を獲得」というのも捉え方次第ですが、それ以外はすべて実現しています。

本書も2024年8月にKADOKAWAの編集様からX（旧Twitter）のDMで連絡をいただき出版が決まったものとなりますので、若干時系列の前後はあるものの、ほぼ書いた通りになったわけです。

なお、これとは別に買い物リストの上には「拙著○○がベストセラーを獲得しました」や「職場の人間関係が良好に保たれています」など、その時々に応じたシンプルな願望を書いていました。私と同様の方法で実践したい方は、「本気の願望」はガッツリどこかに書いて時々眺め、「日々のささやかな願望」は頻繁に見る場所に書き定期的に更新する、といった書き分けをしていただくのがおすすめです。

書く場所はスマホに限らずノートや手帳などどこでもOKです。

第4章

願望実現を加速させる上級テク

オートモードでポジティブ思考を投げ込み続ける仕組みを作る

ここからは第1章〜第3章までの内容を踏まえた「応用編」です。

本書の冒頭でもお話しした通り、「不易」を知らずして「流行」を知識に昇華することはできません。しかし、既に「考え方の土台」である「不易＝永遠に変化しない本質的なもの」を徹底的にインプットしていただいた皆様は、この第4章でお話しする「流行＝テクニック」もすんなり理解できるはずです。さらに、世にあふれるスピリチュアル情報も調べれば調べるほど不易が強化されていくような、まさにスピリチュアル迷子から完全に解放された存在にもなれていることでしょう。

この応用編は、いわば総仕上げです。公式を知るだけでなくさまざまな応用問題を解くことで知識が定着するように、この章を読むことで日常生活における行動選択や発言、もしくは自身の発する波動が適正化されていきます。

そして結果的に、思い通り願いを叶えることのできる**「願望実現体質」**に必ずなれることをここでお約束します。

さて、本題に入りましょう。ここまでベルトコンベア理論を軸にお話を展開してきましたが、実はこの理論は潜在意識と密接な関係があります。

後ほど詳しく解説しますが、潜在意識は意識全体の95％を占めると言われていますから、実はこの**潜在意識をポジティブで満たしてやれば、生きているだけでベルトコンベアにポジティブな「思考」を投げ込み続けられるような仕組みが完成する**のです。

また、同様に潜在意識を願望で満たせば、生きているだけでベルトコンベアに願望を投げ続けられるわけですから、**潜在意識を何で満たすかによって願望実現の確率が大きく左右される**と言っても過言ではないでしょう。

第3章でご紹介した**「願望をどこかに書いて頻繁に眺める」**という方法も、**「潜在**

意識に願望を刷り込み、常にベルトコンベアに既成事実を投げ込み続ける仕組みを作り上げる方法」と言えます。

そこで、第4章では**「潜在意識をどう書き換えるか」**について解説していきたいと思います。これを理解することで、**オートでベルトコンベアにポジティブや願望を投げ込み続けることができる**ようになります。

それではまず顕在意識と潜在意識の違いを説明します。

これはそこまで複雑に考える必要はありません。**自分自身で自覚できる意識が「顕在意識」**、**自分自身で自覚できない意識が「潜在意識」**といった程度の認識で十分です。

例えば「勉強しよう」と思って勉強するなど、日常生活ではっきり自覚できる行為はすべて顕在意識によるものです。

一方で潜在意識は、顕在意識を根底から操作しているものだと考えてください。

もう少し詳しく言うと、先ほどの「勉強しよう」という気持ちは、**蓄積された潜在意識が複雑に関連しあって初めて表面化した気持ちである**と言うことができます。つまり**「〇〇しよう」という気持ち（顕在意識）の背景には、今までの経験や思考によって蓄積された潜在意識の影響が必ず隠れている**のです。

「メイクをしよう」と思ってメイクをするという行為も、「他人からよく見られたい」「相手に好感を持ってもらえると得することが多い」「スッピンだと恥ずかしい」といった過去の経験や感情が潜在意識に蓄積され、それが顕在意識として表面化したに過ぎません。

これが基本的な潜在意識と顕在意識の区分です。

ではこれらを踏まえて、一つ応用問題を見ていきましょう。

「神様の奇跡が起きています」で、潜在意識を書き換える

第3章では具体的な願望実現法を一つ紹介しましたが、これだけでは物足りなく感じる方もいらっしゃるかと思います。

そこで、ここでは比較的短期間で現状を好転させることのできる方法をお伝えします。

結論からいうと、紙に書く以外で特に効果が高い方法は**アファメーション**なのではないかと私は考えています。**アファメーションのよいところは、何か特定の願望がなかったとしても実践できるところ**です。

例えば、願いを叶えるために毎日ノートにびっしり願望を書くといった方法もありますが、これはあくまで「○○になりたい」「結婚したい」など、特定の願望がある

状態で行うべきワークです。

一方でアファメーションは、**「とにかく今のつらい現状から抜け出して平穏な生活を取り戻したい」「幸せな毎日を送りたい」「自信を付けたい」**といった、漠然とした願望に対しても有効です。もちろん何らかの願望がある場合にも体一つで取り組めるので、ハードルが低い方法と言えるでしょう。

ここで、「そもそもアファメーションとは何なのか」ということを説明しておきます。

【アファメーションとは】

一般的にアファメーションは「特定の言葉を反復して唱えることで潜在意識を書き換え、現状を好転させる方法」といったニュアンスで語られることが多い方法です。願望実現の観点から言えば「私は既に〇〇になっています」という既成事実を「潜在意識」に刷り込み、ひたすらベルトコンベアに達成後の自分を投げ込み続けられる思考回路を作り上げる行為と言えます。

基本的には心理学や自己啓発の分野でよく使われる手法ではありますが、スピリチュアル界隈でもその効果の高さから有効な方法論として定着しています。

さらに理解を深めていただくために、アファメーションのポイントを以下に記載します。

ポイント①…「○○になれますように」ではなく**「○○です」「○○になれました」**といった具合に唱えます。「私はお金に愛されています」というような言葉はお金を引き寄せるのに有効ですが、「お金が欲しいです」では「今現在はお金がない」ということになってしまうので、効果は期待できません。

ポイント②…大前提として、アファメーションは「3日間やれば効果がでる」などといった類のものではなく**「継続的な実践」**が必要です。ただ、割と早い段階で感じられる効果もあるので、**日々の些細な変化や好転を常に見逃さず、都度感謝する姿勢が重要**です。この姿勢で行えば、大きな願望を引き寄せる日もぐっと近付きます。

「定義とかめんどくさい!」という方は、**「同じ言葉を反復して唱えることで何か素**

敵なことが起こる方法だよ！」といった認識でいていただければOKです。

いずれにせよアファメーションの効果は願望実現だけにとどまりません。自己肯定感やポジティブな思考を強化し、ストレスやネガティブな感情に対処する力も高めてくれるので、やらない理由が見つかりません。

さて、アファメーションが手っ取り早く取り組みやすいメソッドであることはわかったとして、果たしてどんな言葉を唱えるのが効果的なのでしょうか。

その回答として私が最も効果的であると感じるアファメーションは、**「神様の奇跡が起きています」**です。

このアファメーションに関しては既にご存じの方も大勢いらっしゃるかと思いますが、一方で「なぜ効果的なのか」を解説するのは意外と難しいものです。

もちろん「神様の偉大なるパワーが発動して幸運が訪れる」「宇宙意志と共鳴して云々」といった説明をできれば理想的なのですが、あいにく私は神様と交信することもできなければメッセージが降りてくるタイプの人間でもありません。今回は潜在意識の観点から解説させてください。

まずはっきりと自覚していただきたいのは、**「幸福な人生を送りたい」という願望の背景にはほとんどの場合、「でも現状○○だからやっぱり無理だ」という気持ちが眠っている**ということです。

考えてみてください。現在に本当に幸福な生活をしている人は、あえて「幸福な人生を送りたい」などと願いながら生活しているでしょうか？　もっとわかりやすい例を挙げると、既に結婚している人は日常生活で「結婚したい」と思いながら生活しているでしょうか？

つまり**「幸せになりたい」**や**「結婚したい」**など**という願望の背景には、必ず「現状そうではない」というネガティブな感情が眠っている**のです。これを顕在意識と潜在意識に分類するのであれば、
顕在意識（5％）…「幸せになりたい」「結婚し

たい」

潜在意識（95％）…「現状幸せではない」「現状結婚できていない」

ということになります。

そして願望実現に対してこれらの「潜在意識」が生み出す最大の障壁は、**「でも結局現状◯◯だから願望実現は難しいのではないかという「疑いの気持ち」**なのです。

「疑いの気持ち」が願望実現を遠ざける理由は既に何度もお話ししていますが、**このネガティブな「潜在意識」を書き換えない限りは、どんな願望実現法を試してもうまくいかない**ことがほとんどです。

ではどうするか。その答えが**「神様の奇跡が起きています」**というアファメーションです。

これは言葉自体の持つ意味を分解して考えればわかります。まず「神様」「奇跡」というのは、誰しも「非現実な単語」として、もしくは「自分の意識から離れた場所に存在する神秘的な存在」として認識している言葉かと思います。

つまり、「神様が何らかの奇跡を起こしてくれる」という既成事実を唱え続けるのは、**「現状に関わらず何か非現実的なことが起こる」という確信を「潜在意識」にインプットする**とともに、現在**「潜在意識」にある「でも現状○○だから結局無理だ」「現実問題として叶えるのは困難だ」といったネガティブな気持ちを強制的に浄化する行為**なのです。

ちなみに特定の願いと「神様の奇跡が起きています」を組み合わせると、効果は倍増します。**「幸せな結婚ができました。神様の奇跡が起きています」**といった具合ですね。この理由は「現状の自分」と「理想の自分」を切り離して、「潜在意識」に直接願いを届けることができるからです。そうして意識全体の95%を占める「潜在意識」をどんどん書き換えれば、理想の未来がどんどん近付いてくるはずです。

繰り返しになりますが、**「潜在意識」を願望で満たすことは、常にベルトコンベア**

に願望を投げ込み続ける思考回路を作り上げるということなのです。

皆様もぜひ、どんなアファメーションを唱えるか迷ったら、まずは「神様の奇跡が起きています」と唱えてみてください。声に出す方が効果的ですが、もちろん脳内で唱える癖を付けていただくのでもOKです。

朝起きた時や寝る前など、機械的に一日5回唱える習慣を付ければ、割と早い段階で現実が変わり始める感覚を得られるはずです。

その上で「私は平穏な生活を送っています。神様の奇跡が起きています」とか「ビジネスが大成功を収めました。神様の奇跡が起きています」といった具合に叶えたい願いを組み合わせてもいいでしょう。

楽しく自分なりの願望実現へのルートを歩んでみてくださいね。

一日の中で「幸せです」とできるだけたくさん唱えよ

ここで、さらに深掘りして「最短で幸せになる方法」をご紹介します。

皆様は「あなたが幸せになる方法は何ですか？」と聞かれたら、どんな思考を辿らせて回答を導き出すでしょうか。おそらく大半の方が「自分は何をすれば幸せを感じられるか」もしくは「どういった状態にあれば自分は幸せなのか」ということから逆算して幸せになる方法論を導き出すのではないでしょうか。

そしてもしそうだとすれば、「幸せになる方法」というのは千差万別で、人によって異なっていると言えるのかもしれません。

例えば「お金持ちになることが幸せになる方法だ」と感じる人や「結婚して家族で平穏に暮らすことが幸せになる方法だ」と感じる人、「マカロンを食べることが幸せになる方法だ」と感じる人がいる、といった具合ですね。

こう考えていくと「どうすれば幸せになれるか」という問いは、そもそも人によって回答が違うのですから、何の意味も持たないように思われます。

ですが、ここでお話するのはそんな「それぞれの幸せを見つけ出しましょう」といったふわっとした話ではありません。私がご提示するのは**「誰もが幸せになれる絶対的な方法」**です。

ではその方法とは何か。それは、**「幸せ」自体を脳にインストールする**ということです。

少し考えてみてください。

幸せになる方法に千差万別の回答がある一方で、「幸せ」という言葉が示す意味合いは一切揺らいでいません。

なぜなら**「幸せ」という言葉は、そこに辿り着くまでの経過に関係なく「心が満ち足りていること」そのものを指す言葉だから**です。

つまり、まず幸せになりたいなら「こうすれば幸せ」とか「こうなれば幸せ」という条件を全部排除すること。その上で**「心が満ち足りている状態＝幸せ」そのものを心にインストールしてあげれば、その瞬間から幸せな人になれる**というわけです。

また、「どうすれば幸せになれるか」という漠然とした方法論を模索している状態というのは「まだ幸せではない」という事実に他なりません。ベルトコンベア理論から言えば、むしろ先に「幸せ」になってしまえば、あとから勝手に適切な方法がやってくると言うこともできるわけです。

ではどうやって「幸せ」を心にインストールすればよいのかというと、その方法は極めてシンプルです。**ただ「幸せです」と唱えればよい**のです。

ここからは、その理由を「潜在意識」の観点から説明していきます。

まず**人間の脳は、あとから出来事と感情を結びつけるという特性を持っています。**

例えば上司に「この書類コピーしておいて」と言われた経験に対して「腹立つ」と口にすれば、脳は「あ、あれは腹立つ出来事だったんだな」と認識し、「上司からコピーを頼まれるというのは腹の立つ出来事である」という紐付けをします。そしてその紐付けは潜在意識に落とし込まれ、次に上司からコピーを頼まれた時にも自動的に「腹立つ」という感情を表面化させるよう、性格をカスタマイズしていくわけです。

人によって（特に性別や人種によって）腹が立つことや嬉しいことが異なっていたりするのは、**幼少期からの積み重ね、つまり経験と感情の紐付けが人それぞれ異なっているから**ですね。

同様に、「マカロンを食べた」という経験に対して「幸せ〜」と言葉にすれば、脳は「なるほど、こいつはマカロンを食べると幸せなんだな」と認識し、「マカロンを食べることは幸せなことである」という紐付けを完了します。

では、特に何もしていない時に「幸せです」と言った場合には、脳は何に対して「幸せ」との紐付けを行うでしょうか。正直それはわかりません。もしかしたら「何もしていない」という状態と「幸せ」を結びつけているのかもしれませんが、いずれにせよここで気づいていただきたいのは、**一日に「幸せです」と唱える回数が多ければ多いほど、一日全体を通して「幸せ」と感じるタスクがどんどん増えていく**ということです。

では、掃除をしている時、散歩している時、料理を作っている時、出勤時、ありとあらゆるタイミングで「幸せです」と唱えたらどうなるか？

もう皆様にはおわかりですよね。「幸せです」と唱えることは、**生活全体に幸せを散りばめる行為であり、同時に潜在意識に「現在自分は幸せである」という事実をインプットする行為**なのです。

そして「今現在私は幸せである」という気持ちは既成事実として未来に投げられるので、それは必ず「本当に幸せな出来事」としてベルトコンベアに乗って返ってくるというわけです。

「幸せな人生」というのは、「特定の状態」を指す言葉ではありません。というか、その「特定の状態」というのはあとから必ず最適な形で返ってくるわけですから、無理矢理それを追い求めて現実と理想のギャップに苦しむなんて、今を精一杯生きている自分に対してあまりに無慈悲です。

「幸せ」と唱えれば、この瞬間に起きるすべての出来事が「幸せ」に塗り替えられ

ます。そう思ってぜひ、今現在の自分を「幸せな自分」にしてあげてください。

この話を時系列順に並べると、次のようになります。

①一日の中で「幸せです」とできるだけたくさん唱える
↓
②唱えれば唱えただけ、脳は日常のあらゆる事象と「幸せ」の紐付けを行い、人生そのものがささやかな幸せで満たされていく
↓
③ささやかな幸せの積み重ねがすべてベルトコンベアに投げられ、いずれ自分が本当に理想とする「幸せな人生」となって返ってくる

皆様もぜひ、日常のすべてを「幸せ」に塗り替えるつもりで実践してみてください。

その効果は時間差で必ず返ってくるはずです。「出勤時に幸せを感じるなんて無理でしょ」と思われた方も、継続していけば出勤時のどんよりした気持ちが少しずつ和らぎ、「まぁしゃーないか」くらいの気持ちには必ず変えることができるはずです。

補足ですが、**この理論は「幸せ」だけでなく、「ありがとう」や「愛してます」など、さまざまな言葉に応用可能**です。斎藤一人さんの「天国言葉」やアファメーションなどもこの理論を基に解釈すると、より具体的なアクションプランに落とし込めるかもしれません。

顕在意識はすべて潜在意識に操作されている

ここからは、さらに願望実現の効果を倍増させる考え方をご紹介していきます。特にネガティブ思考がどうしても拭えない方におすすめの方法なのですが、簡単に言えば**「強制的に」潜在意識をポジティブに持っていく**ような劇薬となります。

突然ですが、両指を組みながら目を閉じ、首をちょっと左右に振りつつ深々とこうべを垂れ、神に祈る大袈裟極まりない動作をしながら、

「ああ……本当にありがとうございます……。私が今日、清く、美しい気持ちで目覚めることができたのは神様の奇跡です……！　このような幸せを与えてくださったことに心から感謝します……。改めまして本当にありがとうございます……。愛してます……！」

といった具合で全力でお空に祈る、といった自分を想像してみてください。

恥ずかしいでしょうか？　もし恥ずかしいと感じるのであれば、それは非常に喜ばしいことです。なぜなら潜在意識を今後さらに浄化する上での伸び代が多分にあるからです。

前述のように大袈裟に感謝する行為を私は**「全力感謝」**と呼んでいますが、これは、**私の運営するメンバーシップで絶大な効果があったとの報告が絶えない、即効性のある開運メソッド**なのです。

おそらくどれだけスピリチュアル大好き人間であっても、「大袈裟な動作を伴う願望実現法」は実践したことのない人がほとんどではないでしょうか。

ですが、断言します。この「全力感謝」をやってみればそのあまりの効果に必ず驚くはずです。これから順を追ってその理由と方法を解説していきます。

まずは基礎知識ということで、皆様に改めて潜在意識の理解を深めていただきます。

顕在意識と潜在意識の違いについてはこれまでお話ししてきた通りなのですが、ここではもう少し専門的な話も付け加えていきますね。

まず、**潜在意識とは、「意識の直接的な焦点からは外れているが、私たちの行動、感情、思考に影響を与える心の領域」のこと**を指します。そして、ここで言う「**意識の直接的な焦点」というのが顕在意識**です。「パンを食べよう」「メイクをしよう」と思うことは、顕在意識によるものです。

一方で潜在意識は顕在意識とは異なり、私たちが常に意識できるような代物ではないため、直接観察することは難しいです。そして観察できないからこそ、無意識の内に自分の意思決定プロセスに影響を及ぼしてしまいます。

次に潜在意識が私たちに影響を及ぼす例をいくつか挙げてみましょう。

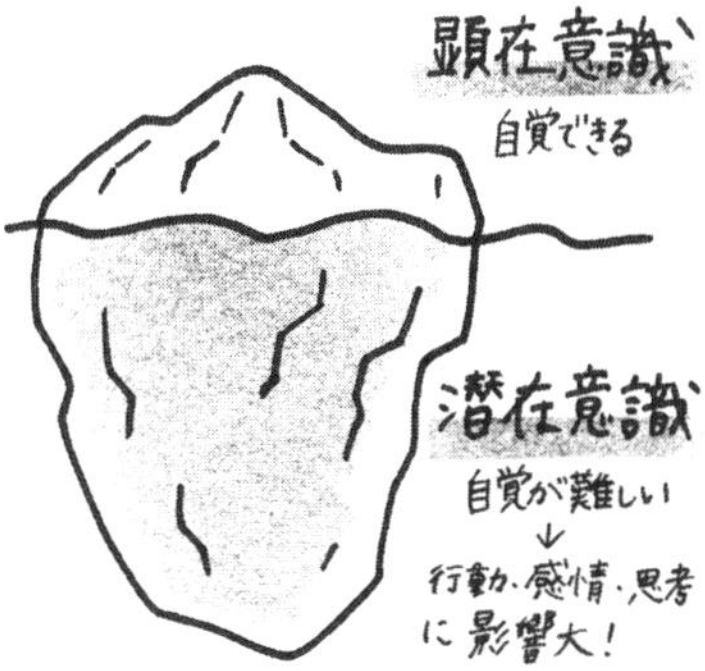

【潜在意識の影響】

①頭で考えなくてもできること

例えば自転車は「ペダルを前方に押し出してハンドルでバランスを取り、適宜ブレーキで速度調整をしながら……」なんて考えながら運転しないですよね。バランス感覚、ペダルを押し出す動作、ブレーキによるスピード調節……。それらほとんどを無意識的に行いながら実行されるものですから、これは潜在意識にインプットされたスキルの発動と言えるわけです。

②過去の記憶のフラッシュバック

「なんとなくこれ嫌だな」「暗闇が怖い」など、もやっと湧き上がってくる感情も潜在意識の働きかけによるものです。顕在意識でどれだけ「おばけなんてへっちゃらだ！」と思っても暗闇から白装束がこんにちはしてきたら恐怖を覚えるわけです。

③感情の決定

「怒ろう！」や「喜ぼう！」と意識して怒ったり喜んだりしないですよね。もちろん演技する場合には別ですが。つまり自然と湧き上がる感情というのは今まで蓄積された潜在意識が自動的に「これは怒れ」「これは喜べ」と指令を出してきているわけです。

④直観とインスピレーション

突然インスピレーションが湧き上がってくるといったような「直観力に長けている」人は、この潜在意識の扱い方が上手い人と言えます。私は各種媒体で常々「潜在意識を浄化してください」といったお話をしていますが、その理由はこの直観力を磨くという意味合いが強いですね。潜在意識が理想の未来像で埋め尽くされていれば、必然的にそこから発生する直感やインスピレーションも理想の未来に直結するものになるといった理屈です。

以上が潜在意識が私たちに影響を及ぼす例です。**「顕在意識はすべて潜在意識によって操作されている」**――この事実をまずは押さえてください。

刺激の強い出来事ほど潜在意識に強烈にインプットされる

ここからは、「全力感謝」を理解する上での肝となる、潜在意識のある特徴について説明します。

実は、**潜在意識は刺激の強い出来事ほど強烈にインプットされる**、という特徴を持つのです。これは感覚的にもなんとなく納得いただけるのではないでしょうか。そしてこれには進化論的な裏付けが存在します。

狩猟採集時代、私たちの祖先は生存のために重要な情報を効率的に処理し記憶する必要がありました。そしてその中で**「刺激の強い出来事を強烈にインプットすることで生存率を上げることができる」**と気づいたのです。例えば外敵に襲われるというのは大変刺激の強い出来事ですが、同時にその時の感覚をインプットすることで次のリスク回避に大変役立ちます。

また、効率的な狩りの方法を思いついて大喜びした経験も刺激の強い出来事です。これもその時の感覚をインプットしておくことで、さらに効率的な方法を発明しようというモチベーションに繋げることができます。つまり、**感情を伴った強い刺激をインプットするというのは、生存確率を上げるため本能に備わった重要な機能**なのです。

これは脳の機能からも説明ができます。刺激の強い出来事というのは、脳の特定の部分を活性化させることが知られており、その部位は主に扁桃体と海馬となります。簡単に、扁桃体と海馬の役割も記載しておきますね。

【「扁桃体」と「海馬」の役割】

①扁桃体の役割…扁桃体は感情を処理し、特に恐怖や脅威に関連する感情に関与

すると言われる部位です。感情を伴う強い刺激は扁桃体を刺激し、その結果として記憶が強化されます。

②海馬の役割…海馬は新しい記憶を形成すること、またそういった記憶を長期記憶へ転送する役割を持っています。今回はここで言う長期記憶を潜在意識と定義しておきましょう。そして強い刺激というのはまさにこの海馬が、新しい記憶を長期記憶（潜在意識）に送り込むのを手助けし、それをより長く、より明確に保存させるわけですね。

このような理由から、**「強い刺激」というのは潜在意識と直接リンクし、より深く、より長く私たちの意思決定に影響を及ぼす**と言えるわけです。ではこれらを踏まえ、以降では「全力感謝がなぜ効果的なのか」「全力感謝ってどうやるの？」といったお話をさせていただこうと思います。

大袈裟に！　今すぐ「全力感謝」を実践

さて、「全力感謝」とは何かということについてですが、これはもう感覚的におわかりいただけるのではないかと思います。そうです。私が前の項で披露した恥ずかしいアレですね。

両指を組みながら目を閉じ、首をちょっと左右に振りつつ深々とこうべを垂れ、神に祈る大袈裟極まりない動作をしながら、

「ああ……本当にありがとうございます……。私が今日、清く、美しい気持ちで目覚めることができたのは神様の奇跡です……！　このような幸せを与えてくださったことに心から感謝します……。改めまして本当にありがとうございます……。愛してます……！」

と祈る習慣を身に付ける。

もちろんこの長々しいフレーズはあくまで一例です。単純に「ありがとうございます！」でも「感謝します！」でもＯＫです。

では、なぜこれが効果的なのか。もう言うまでもありませんね。

ただ感謝の言葉を唱えるより「強い刺激」を伴うからです。そして強い刺激を伴う感謝だからこそ、「潜在意識」に感謝の気持ちを送り込みやすいのです。

ここで「全力感謝」の例をいくつか挙げてみましょう。

①朝日に向かって思いっきり背伸びをしながら「全力感謝」
②時計を見てゾロ目だったら、笑顔でガッツポーズをしながら「全力感謝」
③その日に受けた親切を家に帰ったあともその人を思い出しながら「全力感謝」
④大自然の中で思いっきり両手を伸ばし深呼吸しながら「全力感謝」

全力感謝の例
おはよー
ほんっとうに感謝します！
コピーしておきますね
感謝します
ありがとうございます
5:55
この地球に感謝します

このように、方法は正直なんでもよいと思います。要するに**「大袈裟に感謝してください」**ということです。**これはギャグではなく本気です。**

ポイントは**「いちいち」「大袈裟に」**ということですね。きっと大袈裟にやればやるほどおかしくなってくると思いますし、ニヤッとしながらやれば笑顔も同時に潜在意識に落とし込めます。ダブル効果で人生がコミカルかつ笑顔あふれるものに変わっていくことでしょう。

なお、これはあくまで一人でやるべきメソッドです。職場や人目の多いところでの実践は恐るべきリスクを伴いますので、ノーリスクで実践できる場所を選んでください。ただ、もしあなたに同居人がいたとして、その人もちょっと変な人スピリチュアルメソッドに理解のある大変素晴らしい人格者だったとしたら、二人でふざけながら面白おかしくやれば効果はさらに倍増するはずです。

「全力感謝」はメンタルブロックも浄化させる

それでは最後に、「全力感謝」の効果をお伝えいたします。ここでは潜在意識を感謝の気持ちで満たすとどんなメリットがあるか、といったお話をしていきます。

アファメーションとしてよく使用される言葉に「ありがとうございます」や「感謝します」などがあるように、これらの感謝の言葉は、本当に感謝したくなるような出来事の引き寄せに多大なる効果を発揮します。意識の95%を潜在意識が占めているわけですから、その領域が**感謝の気持ちで埋め尽くされていれば、勝手にベルトコンベアへ「感謝」を投げ込み続けられるような仕組みが完成する**という理屈ですね。

そして、「感謝したくなるような現実」というのは、まさに「幸運」のこと。結果的に**感謝の気持ちを「潜在意識」に送り込むことは、人生そのものを、幸運をベース**

としたものへと昇華させてくれるのです。とはいえ、ただアファメーションをしているだけでは潜在意識の書き換えに時間がかかるものです。だからこそ、全力感謝で強制的にアファメーションへ「強い刺激」を添加するのが有効ということです。

それともう一つ。実は**「全力感謝」はメンタルブロックの浄化にも多大な効果を発揮します。**

メンタルブロックとは自分の心に存在するある種の制限のようなもので、「自分はこれ以上できない」「自分には無理だ」といったようなネガティブな固定観念のことを指す言葉です。ここで試しに、両指を組みながら目を閉じ、大袈裟なジェスチャーを加えながら思いっきり「ああ……神様ありがとうございます!! 本当に感謝してます! 愛してます!」と唱えてみてください。

少し恥ずかしくはないでしょうか? そしてもし恥ずかしかったとしたら、その気持ちは「相手に感謝を伝える」ということに対するメンタルブロックと、少なからずリンクしています。つまり、**恥ずかしさが出てこなくなるまで「全力感謝」を続けるということは、相手へスムーズに感謝の言葉を伝えることができるような人格を形成**

することと同義なのです。

そして**素直に感謝の意を伝えられる人には、必ずまた感謝したくなるような出来事が集まってくる**ので、幸運の引き寄せだけでなく、円滑な人間関係を築く意味でも、この「全力感謝」は効果的な訓練となるわけですね。

これは感謝だけでなく、他のアファメーションにも応用可能です。理屈は一緒ですね。**「いちいち」「大袈裟」であればあるほど、「強い刺激」として潜在意識にインプットできるから**です。皆様も何らかの願望実現メソッドを実践する際には、ぜひ羞恥心のリミッターを外して思いっきり楽しんでみていただければと思います。

それは必ず目に見える形で絶大な効果を発揮してくれるはずですよ。

ちなみに、私が特に重要視しているのは**朝の「全力感謝」**です。

朝はなかなかテンションが上がらなかったり、どんよりした気持ちが継続したりするものですが、この「全力感謝」をキメることで、一日のスタートを優位に好転させることができます。

朝一で「素晴らしい一日に感謝する」ことは「素晴らしい一日だった」という既成事実を未来に投げ込むことにも繋がるため、必然的に素晴らしい一日がベルトコンベアに乗って返ってきてくれるわけです。

ここで私自身が行っている具体的な方法もご紹介しておきましょう。

まず、布団から出たら窓を開け、朝日に向かって両指を組み力を込めます。そして目を閉じ、深々とお辞儀をしながら「最高の一日をありがとうございます！　神様の奇跡が起きています！」と脳内で唱えます。その後、両手を思いっきり広げて大袈裟な笑顔で「ありがとうございます！」と小声で唱える、といった感じですね。この他にもいろいろなバリエーションで半分ふざけながら、半分本気で毎朝実践しています。

繰り返しになりますが「大袈裟に感謝する」という条件さえクリアしていれば細かい作法は特に気にする必要はありませんので、ぜひ各々に合った方法で楽しんでいただければと思います。

瞑想と潜在意識の関係性

さて、ここまで潜在意識と願望実現の関係性をさまざまな角度から見ていただきました。ここからは潜在意識の総仕上げとして**瞑想と潜在意識の関係性**を明らかにしていきたいと思います。

実際、瞑想の効果は今更私が説明するまでもなく、多くの著名人が語っていたりするわけですが、ここでは「是非瞑想してください」ということをお伝えしたいわけではありません。**「瞑想とはどういった方法論なのか」を知ることで「潜在意識の仕組みをより一層深く理解していただく」**ということを目的として書かせていただくものとなります。

また、スピリチュアル分野や各種自己啓発分野でも瞑想はよく取り上げられるテーマですから、その根本的な部分を知っておくことで、より効率的に情報をインプットしていただけるのではないかとも思っております。

それではさっそく解説をしていきますが、最初に、瞑想とはどういったメソッドなのかを改めてお話ししておきましょう。

【瞑想とは】

瞑想とは、**「意図的に思考をストップさせ、自分の呼吸や特定の事象にのみ焦点を当てながら一定時間を過ごすことで、思考を整理したり心の平穏を保ったりする方法論」**のことです。瞑想自体は古代から多くの文化や宗教で行われており、その目的や方法は多種多様。基本的には「雑念を払い自己を内観する」といった目的で行われることが多いのではないかと思います。次に瞑想の主な効果を列挙します。

【瞑想の効果】

①日々の雑念を一時的に手放すことで、心の平静が得られる
②自分自身の内面に深く目を向けることで、自己理解が深まる
③ストレスを軽減させ、リラックスした状態を保つことができる
④注意力を高め、集中力を持続させる能力が鍛えられる
⑤精神の全体的なバランスを調整し、自分と周囲との調和を保つ

おそらく皆様のイメージする瞑想も右記の説明とほぼ一致しているのではないでしょうか。では次に、どのような瞑想法が存在するのかを見ていきましょう。

【瞑想の種類】

①呼吸瞑想…一般的な瞑想法です。呼吸に意識を集中させ、吸う息と吐く息を観察するシンプルな方法です。リラックス効果が高く、集中力を高めるのに役立ちます。また、部屋の一点を見つめながら行ったり、目を閉じて行ったり、視界に入る情報を最小限に抑えながら実行すると効果は倍増します。

②マントラ瞑想…マントラというのは「自分の心を落ち着ける呪文のような短い言葉」のことだと思っていただければＯＫです。これをひたすら唱えるのがマントラ瞑想です。

③ヴィパッサナー瞑想…インドの瞑想法です。ヴィパッサナーは「物事をありのままに見る」という意味ですが、要は自分自身の感覚や感情、思考を客観的に観察することで自己理解を深める瞑想法です。

④禅瞑想…一般的に座禅と呼ばれるものです。静かに座って呼吸のみに集中し、無の境地を目指す瞑想です。

⑤歩行瞑想…「これが最強の瞑想法」と断言する方もいるくらい、効果を実感しやすいのがこの歩行瞑想です。やり方は簡単で、歩きながら一歩一歩に意識を集中し、余計なことを考えず、動きと呼吸を整えていきます。通勤が徒歩の人や、散歩が日課の人に適しています。

⑥ヨガ瞑想…ヨガのポーズを行いながら呼吸と動作を同調させ、そこにのみ集中することで心を落ち着かせる瞑想です。身体と心の両方を活性化させる効果がありますが、解説動画を見るなどプロの指導を受けながらやった方がいいですね。私はこれでとんでもないポーズを取って転倒し家具を破壊したことがあります。

ちなみに「マインドフルネス瞑想」という言葉を聞いたことのある方もいらっしゃるかと思いますが、「マインドフルネス」という言葉は「今この瞬間に集中できる状態を意図的に創り出す」、もしくは「今この瞬間に対して意識的かつ判断を下さずに注意を向ける実践」のことを指す言葉です。「マインドフルネスの方法論として瞑想がある」という認識がわかりやすいかもしれません。

脳が本当に休息を取れるのは「瞑想状態」の時だけ

さて、ここで一つ考えていただきたいことがあります。

「瞑想とは意図的に思考をストップさせ、自分の呼吸や特定の事象にのみ焦点を当てながら一定時間を過ごすことで、思考を整理したり心の平穏を保ったりする方法論である」というのはおわかりいただけたかと思いますが、では、部屋でぼーっとしている時間や、眠っている時間も瞑想と言えそうですよね。

わざわざ瞑想をするための時間を確保しなくても、日々生活していれば考え事をしていない時間は発生するわけです。であれば、あえて面倒な瞑想のタスクを生活に組み入れる必要なんて本来ないのでは？

残念ながら、これに対する回答はノーです。

どんなに暇な生活で、どれだけ長く睡眠時間を確保していたとしても、やはり**「瞑想」の時間をあえて確保することは多大なメリットをもたらしてくれるのです。**

それはなぜか。その理由は**「ぼーっとしている時間」であっても「寝ている時間」であっても、脳は常に活動を続けている**からです。

具体的には情報の整理や記憶の固定、「潜在意識」に眠る記憶から今後の生き方や行動パターンを考える、といった作業を脳は休まず行っているわけです。睡眠中、特にレム睡眠時は脳が活発に働いていることが知られています。この期間に夢を見やすいのもその証拠ですね。

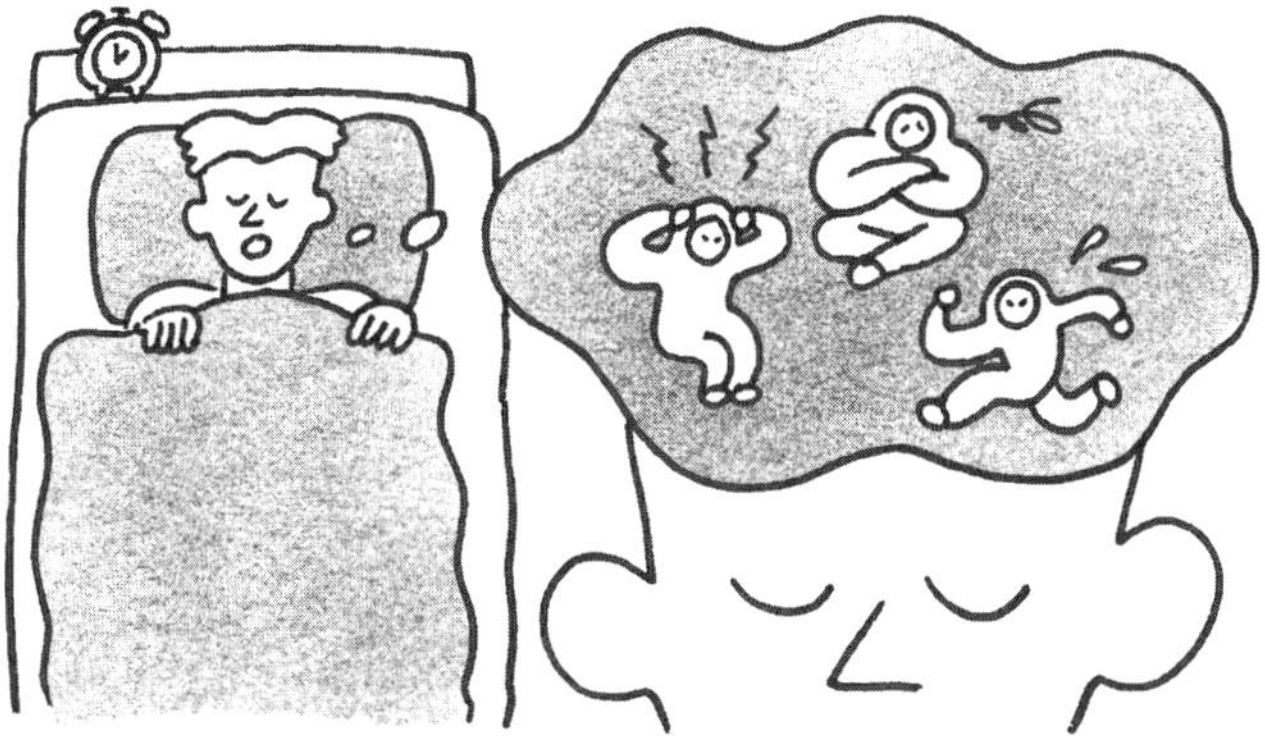

これが有名な**「デフォルトモードネットワーク（以下DMN）」**です。これは、簡単に言えば、**無意識に脳内であれこれ考え事をしちゃうことです。**専門的には神経回路そのものを指すとかいろいろ小難しい話もあるのですが、ここでは話をわかりやすくするために、**「ぼーっとしている時や睡眠時に、脳が無意識下で勝手にあれこれ考え事をすること」をDMNと定義しておきます。**そしてこのDMNは、特定のタスクに集中している時以外はずっと発動され続けます。

さて、お気づきでしょうか。寝ている時もぼーっとしている時もDMNが発動しているということは、**人間の生活の中で「考え事をしていない時間」は、ほぼ存在しないのです。**

仕事をしている時には当然思考はフル回転でしょうし、家事も育児も車の運転も料理も、程度の差こそあれ、全部思考を回転させながら行うタスクです。それに加えてトイレやお風呂でぼーっとしている時も、睡眠時も脳は勝手に考え事をしています。つまり、**人間は放っておけば四六時中ずっと考え事をしてしまう生き物**なのです。

もちろん、狩猟採集時代だったらインプットする情報量も大したことないわけで、そのこと自体、特に問題はなかったのかもしれません。しかし、現代人は以前では考えられないような莫大な情報が日々インプットされ続けています。仕事が激務の人はなおのことそうでしょう。

脳はインプットされる情報すべてを何らかの形で整理して処理しなければなりません。強制的に休ませる時間を設けない限りは、ぼーっとしていようが、寝ていようが、ブラック企業も真っ青の24時間強制労働を強いられることになってしまうわけです。

ではどうするか。その答えが瞑想です。**瞑想こそが、DMNを強制的にシャットアウトし、意図的に思考をストップさせる唯一の方法**なのです。これらを踏まえて人間の思考の分類を説明するなら以下のようになります。

人間の思考状態は「意図的に考え事をしている状態」「無意識に考え事をしている状態（DMN）」「瞑想状態」の３つに分類される。そして、脳が本当の意味で休

息を取れるのは「瞑想状態」しかない。

なぜ瞑想がDMNをシャットアウトしてくれるのでしょうか。先ほど「脳が本当の意味で休息を取れるのは瞑想状態しかない」とお話ししましたが、厳密に言えば、瞑想中も思考がストップするわけではありません。完全に思考がストップするのは三次元物質世界にサヨナラする時だけです。

瞑想の極意は**「最小限の事象に全集中する」**ということにあります。

脳は放っておけば勝手に莫大な情報を処理し続けてしまう異常な働き者。ですが、「特定のタスク」に集中している時には目の前のことだけに集中してくれますし、DMNも発動しません。マンモスと対決している最中に、脳内で情報整理や考え事をしていたら生存危機に陥ってしまうからです。

ということは、その**「特定のタスク」**の内容次第で、脳の使用割合が決まるとは思いませんか。つまり、**「特定のタスク」自体を脳にとって負担のない最小限のタスクにすれば、その時間だけは最小限の労力しか使う必要がなくなり、結果的に脳を休ま**

せることができるのではないでしょうか。そして、その方法こそが瞑想なのです。

瞑想の方法は多数あるにせよ、そのすべてに共通しているのが**「呼吸や動作など、最小限のタスクに意識を向けている」**という事実です。

「瞑想とは意図的に思考をストップさせ、自分の呼吸や特定の事象にのみ焦点を当てながら一定時間を過ごすことで、思考を整理したり心の平穏を保ったりする方法論である」という定義の裏側には、実はこのような理屈が隠れていたんですね。

ネガティブな人格が勝手に作られてしまう理由

さて、ここまで「そもそも瞑想とはどういう方法論なのか」ということに絞って解説してきましたが、重要なことはまだあります。それは**「潜在意識へのアクセス」**についてです。

先ほどぼーっとしている時や睡眠時には、無意識下でDMNが発動し、インプットされた情報を整理をしているというお話をしましたが、ここで一つ質問です。DMNが脳に溜まった情報を整理してくれるのはわかったとして、いったい何を基準に情報整理をしているのでしょうか？

DMNは無意識下で発動されるものなので、当然自分の意志とは関係なく勝手に脳内の整理をしてくれるわけですよね。であれば、「これは必要な情報だ」「これはアカン情報だ」などを決める指針が、自分の意識から離れた場所に存在しているはずです。それは何か？

その答えが潜在意識です。つまり、無意識下で発動される**DMNは顕在意識の手が届かない部分で活動しているため、潜在意識に頼らざるを得ない**のです。

また、潜在意識は、意識全体の95％を占めるほど強大な力を有しているわけなので、顕在意識でどんなにDMNをコントロールしようとしても、それは不可能なのです。裏を返せば、**潜在意識はDMNの発動時間すべてを支配しているからこそ、意識の大部分を占める**と言われているのかもしれません。

そして、私がここで最もお伝えしたいのは**「潜在意識がネガティブ思考で真っ黒に濁っている状態では、DMNもネガティブな指針を基に情報整理しなければならなくなる」**ということです。

これはつまり、トイレやお風呂でぼーっとしている時も、暇で暇でぼんやりしている時も、そして睡眠時も、脳が勝手に「人間関係＝つらい」「職場＝ストレスフルな場所である」「人生＝無意味」といった情報の関連付けを絶え間なく行ってしまうということです。このプロセスが人生をどんよりとしたストレスフルなものにしてしまうことは言うまでもないでしょう。

これは、ベルトコンベア理論の根底に存在する考え方と言えるのかもしれません。私がネガティブな「言葉」「行動」「思考」を未来に投げてはならないと言う理由は、**「潜在意識を黒く濁らせるとDMNがネガティブな指針に頼らざるを得なくなってしまうから」**とも言えるのです。

ストレスを感じた時は別のことに集中するとよいと言われるのも、放っておけば勝手にDMNがネガティブな潜在意識を頼りにネガティブな人格を作り上げてしまうからですね。だからこそ**「特定の作業」に没頭することが有効**とされているわけです。

とはいえ、DMNを一切発動させない生活なんて不可能です。そこで私が提案するのが**「瞑想＋アファメーション」**です。瞑想こそが潜在意識にアクセスする最短の方法。そして、その上でアファメーションを唱えれば、真っ黒に濁ったネガティブな潜在意識を浄化することができるのです。

「瞑想＋アファメーション」で濁った潜在意識を浄化せよ

瞑想こそ潜在意識にアクセスする最短の方法であるというお話をしましたが、その理由は**「顕在意識の影響」も「DMNの影響」も最も受けにくい状態が瞑想状態だから**です。

213ページで私は人間の思考を**①意図的に考え事をしている状態、②無意識に考え事をしている状態（DMN）、③瞑想状態**の3つに分類しました。

①は当然顕在意識の上に成り立っていますし、②は完全に潜在意識に支配されているので自分の意志ではコントロールできません。

ですが、③だけは、顕在意識を保った上で潜在意識に近付ける唯一の状態と言えるわけです。なぜなら瞑想状態は、**脳内に「極めて簡単な特定のタスク」のみが存在する、ノイズが少ない領域だから。**

瞑想状態だけが、余計な思考に邪魔されず、潜在意識を意図的に操作できる唯一の場所なのです。瞑想の極意として「雑念を払う」「自己を内観する」「精神を研ぎ澄ます」などと言われるのは、「潜在意識に接近する＝アクセスする」ということなのです。

その上で、アファメーションを注ぎ込んであげることで、黒く濁った潜在意識は一気に浄化されます。**瞑想によって潜在意識を掘り起こし、それを意図的にアファメーションで浄化する**のです。そうしてやれば、**DMN発動時も、脳はポジティブな指針に沿って人格を形成してくれますから、結果的に自分の「言葉」も「行動」も「思考」もポジティブなものとなり、幸福な未来を引き寄せてくれる**というわけです。

現在瞑想に取り組んでいらっしゃる方、もしくは今後チャレンジしてみようと思われている方はぜひこの考え方をベースに実践していただければと思います。

ただ、一つ問題があるとすれば、瞑想のための時間を毎日○○分確保する、というのが意外と難しいということです。そこで、補足としておすすめの瞑想法をご紹介していこうと思います。

寝る前に脳内で唱える夜瞑想がおすすめ

私がおすすめするのは**「寝る前に脳内で唱える」**という瞑想法です。

布団に入って電気を消して目をつむったら、そこからアファメーションをスタートさせてください。子どもの寝かしつけがある方はお子さんの背中をポンポンしながらでも、授乳しながらでも、要するに「生活の延長線上で、あえて時間を確保する必要がないシチュエーション」を選んで脳内で唱えていただければと思います。

そしてその際には完全に思考をストップし、自分の言葉にだけ集中してください。マントラ瞑想に近い方法ですね。

これを1分間以上、できれば軽く眠気が襲ってくるまで続けてみてください。ストップウォッチで計る必要はありません。時間はなんとなくで結構です。**30分の瞑想を一週間に1回やるより、1分間の瞑想を毎日続ける方が効果的**と言われているので、習慣化すれば効果は倍増することでしょう。

寝つきが悪い方は、「やった！　瞑想の時間がたっぷりとれるぞ！」とむしろそれをポジティブに捉えれば、逆に寝つきがよくなるという現象も起きます。

脳内で唱える言葉はポジティブな言葉なら何でも結構ですが、できれば無意識で唱えられるくらい簡単な言葉が望ましいかと思います。余計な思考が入ってしまうと瞑想状態に突入できないからです。

もし唱える言葉に迷ったら、

・神様の奇跡が起きています
・ありがとうございます
・感謝します
・幸せです

などがおすすめです。自分が一番すんなり唱えられそうなものを一つ選んで試してみてくださいね。

それを**まずは1週間、できれば3週間は継続してみてください**。慣れてきたら、願望を唱えるのも効果的です。「職場が楽しくなりました」「○○さんとの関係がうまくいっています」など、**解決したい問題に照準を合わせてアファメーションを唱えれば、効率的に願望を潜在意識にインプットできるからです。そしてこのスキルを身に付ければ、あなたはもう自分の未来を自由自在に操れる、潜在意識マスターです。**

「瞑想＋浄化」を身に付けた先にある素晴らしい未来は、継続して実践できた本人のみが享受しうる「潜在意識」からの最高のプレゼントなのです。

ただ、もちろん「瞑想を必ずやってください」ということではありません。

この「潜在意識の浄化」というテーマは**「ベルトコンベア理論と潜在意識をリンクさせて考えることで、さらに明確なアクションプランを掲げることができるようになっていただきたい」**との思いから提案させていただいたものとなります。あくまで面白そうだったら取り入れる、くらいの心構えで構いません。

最速で幸運を引き寄せる、3日間集中ワーク

最後に、私がこれまで考案したワークの中で最も「奇跡が起きました！」というご報告を多数いただいた「**3日間集中ワーク**」をご紹介しようと思います。これは願望実現というより「**幸運の引き寄せ**」に関する方法です。

先に結論からお伝えします。

①朝の「全力感謝」
②いちいち「奇跡だ」と言う
③寝る前にアファメーション

これを3日間連続で行います。実践の難易度が非常に低いので、次に説明する具体的な手順に従って実践していただければと思います。

まず、**起床後すぐに行っていただきたいのは「①全力感謝」**です。これをできれば起床後2時間以内、どんなに遅くとも6時間以内には行ってください。ちなみにベストタイミングは起床後1時間以内です。

具体的な方法としては、まず朝起きたら空に向かって「たくさんの幸運をありがとうございます！　神様の奇跡が起きています！」と感謝の言葉を唱えてください。脳内でも問題ありませんが、思いっきり背伸びをしたり、両指を組んで深々と祈るような動作をしたり、**できるだけ「大袈裟に」唱える**ことを意識することが重要です。

次は**「②いちいち『奇跡だ』と言う」**ですが、朝の「全力感謝」を終えてから夜寝る寸前まで、仕事の場合でも休日の場合でも、**とにかくこの3日間はいちいち「奇跡だ」と唱える**ことを心掛けてください。言葉に出しても脳内でもどちらでもいいので、とにかくことあるごとに「奇跡だ」を連発するのです。

ポイントは、**ほんの少しでも自分が嬉しいと感じることに対して「奇跡だ」と唱えるということ。わずかでもポジティブ側に傾倒している事象に対して徹底的にアンテナを張っておく**感覚ですね。

逆に魚の骨がのどに刺さったとか上司に嫌味を言われたとか、そういったネガティブな出来事に対して唱えてはいけません。

・道端で花を見つけたら「奇跡だ」
・靴ひもが上手に結べたら「奇跡だ」
・時計がゾロ目だったら「奇跡だ」
・鳥を見かけたら「奇跡だ」
・コーヒーが美味しかったら「奇跡だ」

この他にも背伸びをして気持ちよかったら「奇跡だ」、ご飯を食べておいしかったら「奇跡だ」、異様にでっかいサイズのどんぐりを見つけたら「奇跡だ」など、あらゆる事象と奇跡を結び付けていくイメージです。

そして奇跡を連発する一日を終え、布団に入ったら最後のワーク「**③寝る前にアファメーション**」です。布団に入ったら目を閉じ、「**たくさんの幸運をありがとうございます。神様の奇跡が起きています**」と、朝唱えた感謝の言葉をもう一度唱えてください。これを1分程度、できれば軽く眠気が襲ってくるまで脳内で唱え続けます。

以上が「3日間集中ワーク」となります。これを3日間連続で行ってください。ちなみに夜のワークは寝っ転がりながらでも上体を起こしてでもどちらでもOKです。

以下に手順を改めて載せておくので、あとで見返す際の参考にしてください。暗記していただくフレーズは「**たくさんの幸運をありがとうございます。神様の奇跡が起きています**」と「**奇跡だ**」だけなので、この言葉だけスマホにメモしておくのも効率的かもしれません。

①朝起きたら空に向かって大袈裟に「たくさんの幸運をありがとうございます！

神様の奇跡が起きています！」と感謝の言葉を唱える

②ことあるごとに「奇跡だ」と唱えながら一日を過ごす

③夜、布団に入ったら目を閉じ「たくさんの幸運をありがとうございます。神様の奇跡が起きています」と感謝の言葉を1分間程度唱える

※すべて脳内で唱えてもOK

なお、このワークに関しては3日間連続で確実に行う必要があります。例えば、朝唱えるのを忘れてしまった場合には、そこで一度リセットして、翌日からまた再スタートしてください。

朝に投げた「全力感謝」を夜のアファメーションで強固なものに

なぜ、3日間集中ワークが効果的なのか。ここからは、第4章で解説してきた内容との関連性を意識しながらお読みいただければと思います。

まずこの3日間ワークで注目していただきたいのが「朝」と「夜」の一貫性です。例えば、アファメーションを思い浮かべてください。「神様の奇跡が起きています」にせよ「幸せです」にせよ、アファメーションが終わったら、そのアファメーションに対してフィードバックする機会はあまりないかと思います。あったとしても、それは何らかの奇跡的な出来事が起きたとか、そういった特別な状況が訪れた際に「あ、あのアファメーションの効果が出たんだ！」と認識する感じですよね。

ですが、このワークに限って言えば、**朝「幸運が訪れた」という既成事実を未来に**

投げ込み、夜「幸運が本当に訪れた」という事実を認識することで結び付けています。つまり「朝行ったワークが本当に幸運に繋がってくれた」という事実を強固なものとして潜在意識へと刷り込んでいるのです。

朝、「全力感謝」で投げ込んで、夜に本当にそれがその通りになったという事実に感謝する。このプロセスを意図的に作り出すことがこのワークの本質なのです。

初日にいきなり効果が出るようなものではありませんが、その威力は**2日目以降、どこかのタイミングでおそらく確実に実感できる**と思います。なぜなら初日の夜のアファメーションで「今朝のワークが本当に効果的なものだった」という認識を植え付けることで、翌日の朝に唱える「たくさんの幸運をありがとうございます！　神様の奇跡が起きています！」が強力な確信を伴う言霊となって潜在意識に注ぎ込まれるからです。

本当に信じることができているかどうかは関係ありませんし、それを自問自答する必要もありません。一度脳内で唱えたことは顕在意識ではなく潜在意識にちゃんとインプットされるので、機械的にやることが重要なのです。

それともう一つ。**朝と夜の結びつきを強化する方法として日中「奇跡だ」を連発することも効果を倍増させています。**この理由は言うまでもありませんよね。朝唱えた「幸運がやってくる」という既成事実を、起きてから寝るまでの間ずっと継続して強化し続けられるからです。

また、忘れてはならないのが脳の**「あとから出来事と感情を結びつける」**という特徴です。日常で起きるすべての出来事と「奇跡」を紐付けしていったらどうなるか。その答えは、本書をここまで読んできた皆様であればもうハッキリとおわかりいただけるのではないでしょうか。

大きな奇跡は日々の小さな奇跡の積み重ねの上に成り立つものです。逆に言えば、日々の小さな奇跡に気が付けない人は大きな奇跡を掴むことができません。ですが、これも**機械的に「奇跡だ」という認識を積み上げていくことによって、本当に大きな奇跡に繋がる階段が作られていく**のです。そしてそれは本当に奇跡のような現実となって返ってきます。

以上が3日間集中ワークの全貌です。「アファメーション」「全力感謝」「出来事と感情の紐付け」「夜の瞑想」などすべてを含みながらも、非常にシンプルな方法となっています。どんな方法にせよ、シンプルであればあるほど潜在意識に届きやすいというメリットを享受できますので、ぜひ淡々と継続していただければと思います。

なお繰り返しになりますが、このワークに関しては3日間連続で確実に行う必要があります。また、**「奇跡だ」は最低でも一日10回以上**は唱えてください。あらゆる事象と奇跡を結びつけるようなイメージで、常に意識しながら生活していただければと思います。

そしてもし、この3日間ワークに明確な効果を実感できたなら、ぜひそのあとも継続してみてください。可能な範囲で結構です。集中ワーク期間以降は毎日でなくても、一週間に1回でも一年に1回でも結構です。

要は心構えとして、**日常生活に多数散りばめられた小さな奇跡を集めていくような生き方を実践していただきたい**のです。

願望実現は、そういった一見くだらないような、何の意味もないような、本当に小さな出来事への気づきや感謝の積み重ねを経て成り立つものです。少なくとも私は、本気で思っているのです。

おわりに

2022年7月、ベルトコンベア理論を思いついた時の私は、情報発信、ましてや本の出版に必要とされる要素を何一つ持ち合わせていませんでした。権威もなければろくに文章を書いたことさえもない。神様と交信する力も霊感も、スピリチュアル関連の資格も、本当に何一つ持っていなかったのです。

ですが導かれるがまま、私は見切り発車で『この通り進めば必ず叶う 願望実現への最短ルート案内』という本を執筆し、インターネット上で個人出版しました。

内容には自信がありました。強大な「不易」が私を後押ししているように感じていたからです。だからこそ、出版後も自分自身でベルトコンベア理論を基に実践を続けました。「言葉」「行動」「思考」を最適化し、スマホのメモ帳アプリに願望を書いて眺めながら生活しました。

そうしたら、本当に次から次へと願いが叶っていきました。願望実現法の存在に対して、いよいよ疑う余地がなくなってしまいました。同時にスピリチュアル信者として生きることを余儀なくされました。そして2025年、本書が全国の書店に並ぶことになりました。わずか2年半で、私の人生は180度変わってしまったのです。

この経緯は私のX（旧Twitter）に残っています。2年ほど前に更新を停止した旧アカウントを見れば、そこには本当に何一つ持たぬ奇人の姿が確認できることでしょう。ですが私は、自身の経験が事実であることを対外的に証明する必要性をあまり感じていません。なぜならこの本に書いた内容を実践していただければ、今度は皆様の中で願望実現法の存在が確信に変わってくれると信じているからです。そして少なくとも私にとっては、本書の存在自体が自身のメソッドに対する何よりの証明になっているからです。

結局のところ、「世にあふれる願望実現法を科学的に論破してスピリチュアル分野に一石を投じる」という当初の目的は、いつのまにか「自分自身が納得できたからそれで十分」という結果で結ばれ、完結してしまいました。

ではその上でなぜ、私は今も願望実現法の研究と情報発信を続けているのか。それは正直、自分でもよくわかっておりません。ですが少なくとも、そこにはかつて私に取り憑いていた亡霊、つまり「自身の正しさを世に知らしめなければならない」といった切迫感は存在していないように思われます。

今、私を突き動かしているのは、もしかしたら「ゆで卵の殻を上手に剥く方法」を知っている人が「どうすればゆで卵の殻を上手に剥くことができるだろうか」と悩んでいる人の姿を見た時に、たまらなくその方法を教えてあげたくなるような、たったそれだけのシンプルな動機と、それに伴う承認欲求なのかもしれません。

そしてそれによって、ゆで卵の殻を上手に剥ける人が増えていったら、またその人たちが誰から教わったかも忘れてしまうくらい、殻を上手に剥けるのが当たり前になってくれたなら、それですべてが報われるような気がするのです。

もちろん願望実現法には「上手に剥けた」を証明する術は存在しません。「偶然」

の可能性が常に付きまとうからです。そして実体がないからです。

ですが不思議なことに、実体はなくとも、それは宿主を変えつつ、今も誰かの脳内で日進月歩の進化を遂げながら成長しています。そして私自身も、例え科学的根拠が願望実現法の存在を完全否定してしまう日が来たとしても、その寄生者をせっせせっせと育て続けていくのだと思います。私の中にある、論文よりずっと確かな、自分だけの正解を給餌しながら。

私は奇跡を信じています。おそらく誰よりも奇跡やその他願望実現法に対して異議を唱えようと画策し考え続けてきた私が、今では本気で奇跡の存在を確信しています。こうして書籍を出版できたことも、それを皆様にお読みいただけているという事実も、どんなに天邪鬼な解釈を与えようとも、もはや私の中では「奇跡」としか定義できないのです。そして、そこに付随する言葉にできない程の感謝の気持ちは、どれだけアンチテーゼを提唱されたところで、どうやったって揺るがすことはできそうもないのです。

最後になりますが、ここまで読んでいただいたすべての皆様に心より感謝を申し上げ、本書の結びとさせていただこうと思います。

尚、私が執筆前、メモ帳アプリに書いた願望は「皆様の願望がすべて理想通り実現しました」というものでした。その結果を知る術はありません。ですが少なくとも私の直感では、既にベルトコンベアはフル稼働を始めているようでございます。

願望実現研究家　Ｊｅｇ

カバーデザイン／井上新八
本文デザイン・DTP ／ 野村道子 bee's knees-design
イラスト／ 尚味
校正 ／ 小倉優子
編集協力／ 宮本香菜
編集 ／ 高見葉子 KADOKAWA

Jeg《ジェグ》
長年の不安感や鬱症状、また150回以上の禁煙失敗経験を経て心の問題の研究を始める。自己啓発や願望実現法など、ありとあらゆる分野の知識を深める中で、複数の方法論に触れれば触れるほど問題の解決が遠のくことを実感。「情報化社会に翻弄され悩む人たちの心を救う」という信念を掲げ、本格的に執筆を開始。Kindleで出版した書籍はいずれも圧倒的わかりやすさと再現性の高さから絶大な人気を誇り、全作が発売即ベストセラー。運営するnoteメンバーシップでは毎日会員から奇跡の報告が絶えず、リアルタイムで願望実現法の効果を実証している。
X:@Jeg_smile
note:https://note.com/jeg
LINE:https://lin.ee/sYsS3lQ（2025年1月現在）

世界一《せかいいち》わかりやすい願望実現《がんぼうじつげん》

2025年2月26日　初版発行

著者／Jeg《ジェグ》
発行者／山下　直久
発行／株式会社KADOKAWA
〒102-8177　東京都千代田区富士見2-13-3
電話：0570-002-301（ナビダイヤル）
印刷所／TOPPANクロレ株式会社
製本所／TOPPANクロレ株式会社

ISBN 978-4-04-607381-5 C0095